LA POVRMENADE

DE L'AME DEVOTE,

Accompagnant son Sauueur depuis les ruës
de Ierusalem, iusqu'au Tombeau.

PAR LE SIEVR AVVRAY.

A ROVEN,

Chez Dauid Ferrand, ruë aux Iuifs, prez le Palais.

p Ye. 307.

LA POVRMENADE
DE L'AME DEVOTE
EN CALVAIRE.

Accompagnant son Sauueur depuis
les ruës de Ierusalem, iusqu'au
Tombeau.

LLONS ma deuote Vranie,
Allons voir l'Autheur de la vie
Qui meurt en Caluaire auiourd'huy,
Tu n'y veux pas venir peureuse,
Helas ! tu serois bien-heureuse
D'y mourir pour l'amour de luy.

A 2

Si c'estoit pour chanter les armes
Tu ne craindrois ny les alarmes,
Le sang, le meurtre, ny l'horreur,
Ny la mort, ny Mars, ny Bellonne:
Pourquoy donc crains-tu tant poltronne
De mourir auec ton Sauueur?

Tu fus si faconde & feconde
A parler des Amours du monde:
Pourquoy donc ne diras-tu pas
Esprise de plus saincte flame
Comme les Amours de mon ame
Endurent pour moy le tresspas?

Monte donc Muse sur Caluaire,
Et puis que c'est ton ordinaire
Des grands miracles discourir,
Viens y estonner mes oreilles,
Veux-tu de plus grandes merueilles
Que d'y voir vn grand Dieu mourir?

Mais i'iray bien sans toy coüarde,
Et si le Sauueur me regarde
Ie diray au Pere eternel:
O grand Dieu si pour mon offence,
Vous traictez ainsi l'innocence,
Que ferez-vous au criminel?

Va donc Muse, ie n'ay que faire
De toy, pour tracer ce mystere,
Garde ton fabuleux vallon,
Ton Pegase, ton Hipocrene,
Ton Entousiasme, ta veine,
Ton Parnasse, & ton Apollon.

Caluaire sera mon Parnasse,
Pour mon Pegaze au flot de grace
I'auray le sang de Iesus Christ,
Et de peur que ie ne m'abuse
Nostre Vierge sera ma Muse,
Mon Apolon le sainct Esprit.

Ca donc la main ô Vierge sage,
Donne courage à mon courage
Pour voir mourir le Roy des Rois,
Passons, poussons, fendons la presse,
Et si tout le monde le laisse
Que ie meure au pied de sa Croix.

Au milieu des cris, des iniures,
Des coups, des cloux, & des tortures
Soyons tousiours pres de son flanc,
Supportons sa Croix par la vuë,
Et si nous le perdons de veuë
Suiuons les traces de son Sang.

Mais de peur que le Iuif infame
Ne foule aux pieds ce facré bafme,
N'en cognoiffant pas la valleur:
Ie veux l'amaffer goutte à goutte
A la mefure qu'il dégoutte,
Et le conferuer dans mon cœur.

Et fi beaux fleuues de Iuftice,
Ce cœur noir & pollu de vice
Eft digne de vous loger,
Ie l'abifmeray dans vos ondes,
Puis que les cœurs de mille mondes
Vous pouuez blanchir & purger.

Mais comme le fondant cautere
Sur vn corps mort iamais n'opere,
Et n'éuoque fon feu caché:
Auffi ce fang, ce feu, ce bafme
Ne peut rien operer en l'Ame
Qui eft morte par le peché.

Comme la nourriture amie
Ne reuocque pas noftre vie:
Mais la conferue & l'entretient:
Ce precieux Sang que ie trace
Ne nous redonne pas la Grace,
Mais il nous l'accroift & maintient.

I'abisme Vierge en ces abismes,
Interprete moy ces Enigmes,
Ces secrets sont trop hauts pour moy;
Ie ne veux sonder ses Miracles,
Et n'enten rien à ces Oracles
Sans le truchement de la Foy.

Mais trop loin ton fils i'abandonne
Tandis que deuot ie moissonne
Ces rubis par tout espanchez,
Courons donc, courons Vierge Mere:
Car mon Ame est assez legere
Puis qu'elle a quitté ses pechez.

Par des pommes d'or Hippomane
Passa l'Athalante prophane
Qui s'amusoit à ce butin:
Et nostre Dieu d'Amour la source
Pour gaigner le prix de la course
Répand tout son sang en chemin.

Courage, reprenons haleine
Ie le voy, le voila qui traine
Vne lourde & massiue Croix:
Hé! bourreaux que pensez vous faire?
Comment moura t'il en Caluaire
Si vous l'estouffez soubs ce bois?

A 4

Ca qu'vn peut cette Croix ie leue
Ie n'en peux plus Seigneur , sousleue
Ie suis acrauanté dessous:
O Tirans , hé de quelle sorte
Voulez-vous qu'entiere il la porte
Ie ne peux leuer vn des bouts?

O Traistres ces rigueurs si dures
Montrent bien que ces procedures
Sont pleines de fraude & de dol:
Car quelle loy veut sanguinaire
Qu'vn criminel qu'on va deffaire
Porte son gibet à son col?

Criminel, non, Race cruelle
Son Ame n'est point criminelle
Elle est plus claire qu'vn flambeau,
La neige encor n'est pas si blanche
Si pure n'est la perle franche
Et le Soleil n'est pas si beau.

Pourquoy donc barbares estranges
Ce visage adoré des Anges
Déplaist-il si fort à vos yeux?
Pouuez vous bien maudite Race
Contempler cette belle face
Sans en deuenir Amoureux?

Mais ta ruse ô Iuif tu décourres
Quand les yeux de mon Dieu tu couures
Pour exercer tes cruautez,
Ca si tu voyois son visage
Tu n'aurois iamais le courage
D'assassiner tant de beautez.

Nous y voicy, ô que de peines,
Que de potences, que de chaines,
Que de corps pourris & sanglans:
Quoy! mon ame tu t'en esloignes,
Ne peux-tu sentir les charongnes
Tes pechez sont bien plus puans?

Ouy, Seigneur, toutes ces ordures,
Ces puanteurs, ces pourritures,
Ces Croix, ces os, ces corps infets,
Ces roües, ces bourreaux terribles,
Ne vous semblent point si horribles
Que le moindre de mes forfaits.

Permets donc ô amy intime
Que pour expier tout mon crime
Ie compatisse à tes douleurs,
O bon Iesus ne me dédaigne
Si dedans ton sang tu me baigne
Ie t'arroseray de mes pleurs.

Que dis-ie, ces pleurs émanées
Des sentines empoisonnées
De mes sales polutions
Prophaneroient tes Sacrifices:
Car deuant tes yeux nos Iustices
Ne sont qu'abominations.

Tant s'en faut que de l'armes saintes
I'ose l'auer tes playes saintes,
Ie te ferois bondir le cœur,
L'effeEt à sa cause est semblable
Aussi tout est abominable
D'vn abominable pecheur.

Non, Seigneur, ces larmes recuites
Aux fourneaux des Ames contrites
Et qui distillent par les yeux:
Sont riches ondes cristalines
Des Saphirs des Topazes fines
Et des diamants dans les Cieux.

Des gouttes d'or, de perles rondes
Des petites pluyes fecondes,
Douces rosees d'vn Printemps:
Bref, l'Ange à Dieu rien ne presente
Quitant l'appaise & le contente
Que les larmes des penitens.

Combien de fois en sa colere
Dieu estend-il son bras seuere
Pour exterminer les humains?
Que nos deuotieuses larmes
Rebouchant le fil de ses armes
Font choir le foudre de ses mains.

Comme on voit vne douce pluye
Calmer l'orage & la furie
Des vents deschainez de leur lieu,
Aussi ne faut-il qu'vne larme
Pour faire au Ciel cesser l'alarme,
Et appaiser l'ire de Dieu.

L'orgueilleux qui passant les bornes
Contre son Dieu leue les cornes
Est bien tost terrassé dessous,
Mais si tost qu'il pleure & souspire
Dieu sans armes comme sans ire
Ne fait plus que parer aux coups.

Bref, qui veut prendre Dieu à force
Moüiller sa méche & son amorce,
Débriser l'arc de ses fureurs,
Rauir son foudre espouuentable
Et le rendre doux & traictable,
Il ne faut s'armer que de pleurs.

Des pleurs, des pleurs donc saintes ames,
Pour noyer nos vices infames
Enflons de nos pleurs vn estang,
Et si nos larmes employées
Nos offences ne sont noyées,
Il faut pleurer des flots de sang.

Cesse mon ame tes complaintes,
Arrestes tes pleurs & tes plaintes
Et quitte ce lugubre émoy,
Puis que tu vas chere compagne,
Espouser sur cette montagne
Ton Dieu, ton Sauueur & ton Roy.

O chaste Aurore matinale
Voicy ton Amoureux Cephale
Que sa Procris ialouse à tort
Va cerchant parmy ces espines,
Mais luy saisi d'amour diuines
La naure du dard de la mort.

Voy Hero, voy de quel courage
Ton Leandre passe à la nage
L'Helespont de sa Passion,
Mais tandis qu'il sera dans l'onde
Garde d'esteindre aux vents du monde
Le feu de ta deuotion,

Arriere Vasthy l'arrogante,
L'humble Ester est ores l'Amante
Du grand Assuere du Ciel:
Fy de Lia la chassieuse,
Iacob sur la Croix glorieuse
Espouse la belle Rachael.

Approche donc ame deuote,
Voicy ton salubre antidote,
Le vray amy que tu cerchois:
Mais qui veut de ce Roy sublime
Estre compagne legitime,
Il faut l'espouser en la Croix.

A la Croix, à la Croix mignonne,
Si la richesse t'éguillonne,
Voicy le centre & le milieu
Des celestes tresor·, mon ame!
Si c'est la beauté qui t'enflame,
Est-il rien de plus beau que Dieu?

Si pour l'aimer tu veux qu'il t'aime,
C'est l'aimé, l'amant, l'amour mesme
Iamais ne fut amy si franc,
Et ne crains pas qu'il soit volage,
Car le contract de mariage
Est signé de son propre sang.

Que dy-ie? des larmes, des larmes
Voicy de nouuelles alarmes,
Les Iuifs dépoüillent mon Sauueur,
Robbe, sang, chair tienne ensemble,
O douleur! ô Vierge il me semble
Que ces chiens m'arrachent le cœur.

L'ame qui sans tomber pasmée
Peut voir cette race animée:
Ainsi son Sauueur escorcher,
N'est qu'vne cruelle tigresse
Que dans sa poictrine traictresse
Porte vn insensible rocher.

Oüy, l'ame ingratte qui oüyt dire
De son Dieu l'extréme martyre,
Et les tourmens qu'il a souffers
Sans estre de douleur navrée,
C'est signe qu'elle est reprouuée
Vn pied desia dans les Enfers.

O que de maux, de morts cruelles,
Nouueaux tyrans peines nouuelles,
Pere, ta Iustice y consent,
Quoy? ces Iuifs, ces gloutes sang-suës,
Seront-elles iamais repuës
Du sang de ton fils innocent?

Le voila qui n'a pas plus de forme,
raffeux, meurtry, fanglant, difforme,
Sauueur que n'allez-vous mourir,
Puis que le Iuif & l'idolatre
Seront pluftoft las de vous battre,
Que vous ne ferez de souffrir.

Mais, faut-il bonté exceffiue
Que vous mouriez, & que ie viue?
D'où vient que vous m'aimez fi fort?
Nous n'auons point de fympatie:
Voftre mort me donne la vie,
Ma vie vous donne la mort.

Encor Ifaac, fi pour mon crime
Suffifoit vne autre victime,
Mille agneaux i'occirois pour vous:
Mais il faut que le facrifice
D'Abraham en vous s'accompliffe,
Et que vous feul mouriez pour tous.

Allez donc Pelican de grace,
Allez mourir pour voftre race,
Phœnix bruflez-vous cette fois:
Et du battement de vos aifles
Faictes jaillir mille eftincelles
Deffus le bucher de la Croix.

Et vous carnaciers sanguinaires,
Débondez sur moy vos coleres,
Clöuez moy pres de mon Sauueur,
Frappe bourreau, ton clou rebouche:
Ma chair fait-elle la farouche?
Fiche luy les cloux dans le cœur.

Aussi bien ma vague pensée
Ne fait que rouler insensée
Sur les flots des mondains plaisirs:
Pour dompter cette vagabonde,
Ie veux sacrifier au monde
Ma chair & ses boüillans desirs.

Mais entens-ie pas Vierge rare
Les coups de ce peuple barbare
Qui clöue Iesus au poteau?
Approchons de luy, ie te prie
Helas! tu t'es esuanoüie
Dés le premier coup de marteau.

L'on dit qu'vn genereux courage
S'enflame & s'accroist d'auantage
Quand il voit couler de son sang:
Courage donc, ô Vierge blanche,
Tout le sang que ton fils épanche
Est-il pas sorty de ton flanc?

Elle

Elle reuient, ô que de roses
Dans ces lys virginaux écloses,
Que de chastetez dans ces yeux,
Que de miracles, que de graces,
Que de brasiers & que de graces
Au front de la fille des Cieux.

Anges, saluez vostre Reine,
Puis la laissant reprendre haleine
Venez voir vostre Createur:
A genoux, immortelles trouppes,
Recueillez dans vos sainctes coupes
Le sang de nostre Redempteur.

Et tout chaud d'amoureuses flames
Répandez-le dedans nos ames
Pour lauer nos crimes cachez:
Puis par vn celebre mystere
Nous l'offrirons à Dieu le Pere
Pour le rachapt de nos pechez.

Belles & precieuses ondes,
Le prix de mille & mille mondes,
Que n'ay-ie à present le pouuoir
De vous chanter, sources benites,
Las! vous auez trop de merites,
Et moy i'ay trop peu de sçauoir.

B

Mais ô grand Dieu qui tout enferre,
D'où vient que renuersé par terre:
Et qu'eſtendu ſur cette Croix
Vous fichez au Ciel vos prunelles:
Trouuez-vous ces pentes ſi belles,
Ce ne ſont que ieux de vos doigts?

Ouy, Seigneur, ces boucles dorees,
Ces riches voûtes azurees,
Ces feux qui lancent aux humains
Tant de lumieres nompareilles,
Ne ſont que vos moindres merueilles,
Et les paſſe-temps de vos mains.

Tournez donc enfant debonnaire
Vos doux regards ſur voſtre Mere,
Dites luy vn mot d'amitié,
Qu'vn peu voſtre voix la conſole,
Non, voſtre amiable parole
La feroit mourir de pitié.

Voulez-vous conſoler ſon ame
Appellez-la ſimplement femme,
Car le mot de Mere eſt ſi doux,
Et liureroit tant de batailles
Dans ſes maternelles entrailles
Qu'elle mourroit premier que vous.

Iuif que fais-tu sus, ie te prie
Dreße en l'air cét arbre de vie,
Afin qui son fruiét homme-Dieu
Ioigne au Ciel la terre où nous sommes
Les hommes à Dieu, Dieu aux hommes,
Et les extrémes au milieu?

Afin außi que tout le monde,
Le feu, l'air & la terre & l'onde,
Les Cieux & les feux de leur front,
Les bois, les beßes formidables
Soient les tefmoins irreprochables
Des maux que les hommes luy font.

Tout beau, tout beau, race peruerse,
Cette Obelifque se renuerse,
Où pose son Fils l'Eternel!
O cœurs de fer! ames de pierre!
Vous foulez aux pieds contre terre
Celuy qui vous efleue au Ciel.

Hà! ie le voy, le Roy des Anges,
Sus, Vierge difons ses loüanges,
Ses viétoires & fes honneurs:
Mais, quel honneur, quel viétoire,
Quelle loüange & quelle gloire
De mourir entre deux voleurs?

B 2

Vierge pardon , eſt-ce infamie
A Nabot de perdre la vie
Par l'impudique Iezabet?
Non , la honte eſt pour le coulpable,
La mort du iuſte eſt honorable,
L'innocent triomphe au gibet.

En quelque ſorte qu'on treſpaſſe
Si l'on eſt en eſtat de grace
L'ame eſt colloquee en bon lieu,
Les vertus par tout ſont auguſtes,
Et de tout temps la mort des iuſtes
Eſt precieuſe deuant Dieu.

Mais , Seigneur, que fait ta Iuſtice:
La terre des Iuifs englouriſſe,
Les maux ſur eux pleuuent à ſeaux,
Non, pardonne leur ie te prie,
C'eſt moy ſeul qui te crucifie,
Mes pechez en ſont les bourreaux.

Maudit peché que ie deteſte,
Que i'abhore plus que la peſte
Tant ta Sindereze me mort!
L'enfant ſeroit bien miſerable
D'aimer le bourreau execrable
Qui met ſon propre Pere à mort.

Il est vray que i'ose bien dire
Que pour ton rigoureux martyre,
Dont les tigres auroient pitié,
Et tant d'exorbitans supplices:
Tu dois moins accuser mes vices
Que l'excez de ton amitié.

Car pour expier mon offence
Suffisoit vne reuerence
D'vn Dieu infinement parfaict:
Mais ta Charité fut si grande
Que tu as voulu que l'amende
Passast de beaucoup le forfaict.

Donc, pecheur tout noircy de crime,
Dans le desespoir ne t'abysme,
Le Fils de Dieu navré d'amour
A payé la rançon de l'homme,
Et déboursant plus que la somme
Il a mis son Pere à retour.

Pourueu que ton ame contrite
S'applique l'infiny merite
Du sang que Dieu va respandant:
Autrement, ce basme propice
Aggraue d'autant plus ton vice
Qu'il est en vertus abondant.

Ce sang, pour nous remettre en grace
Est suffisant, non efficace
Que par les œuures de la Loy,
La Medecine, quoy que bonne,
Guarira-elle la personne
Qui ne la touche que du doy?

Pourquoy non, dira l'aduersaire,
Le Christ n'oublia rien à faire:
Non de sa part, mais, Paul escrit
Qu'en son corps il acheuoit ore
Les choses qui manquoient encore
Aux passions de Iesus Christ.

Où me portent ces contreuerses
Tandis qu'au fort de mes trauerses
Dieu prie pour ses ennemis:
O l'vnique autheur de ma ioye!
Si pour tes bourreaux tu t'employe
Que feras-tu pour tes amis?

Apprenez ames enragees
Qui d'vn desir d'estre vengees
Bruslez sans intermission,
Que c'est peu d'aimer ce qui aime:
Mais aimer son ennemy mesme
C'est tendre à la perfection.

Pere, pardonne ie te prie
Au peuple qui me crucifie,
Il ne cognoiſt pas ſon erreur,
O voix d'amour & de concorde,
De grace & de miſericorde,
Que vous me rauiſſez le cœur!

A ceſte priere plauſible
Le Ciel ſe rendant acceſſible
Vn voleur euſt les yeux ouuerts,
Qui veit bien que telle clemence
Ne pouuoit tirer ſon eſſence
Que du Roy de tout l'vniuers.

Priere d'efficace eſtrange!
Puis qu'elle fait d'vn diable vn Ange,
Vn martir d'vn blaſphemateur,
D'vn loup vn agneau deſireable,
D'vn damné vn ſaint venerable,
D'vn larron vn Predicateur.

Car ſans Penitence, ſans Creſme,
Sans Euangile & ſans Bapteſme
Ce voleur vola dans le Ciel,
Quel deſtin luy fut fauorable
De paſſer des griffes du diable
Dans le ſein du Pere Eternel?

Qu'on n'en flatte pourtant le vice,
Terrible est de Dieu la Iustice,
Le Iubilé n'est pas tousiours:
Qu'en cét exemple on ne se fonde:
Il est bien des larrons au monde,
Mais Dieu ne meurt pas tous les iours.

Puis, le scrutateur des pensées
Voyant ces clameurs élancées
Sortir du plus profond du flanc:
Ses douleurs s'il mit en pratique,
Baptisant ce Paralitique
Dans la Piscine de son sang.

L'autre voleur, tout au contraire
Disoit à l'Agneau debonnaire,
Si tu es fils du Roy des Rois,
Pour montrer ta force supréme,
Sauue nous en sauuant toy-mesme
Et te descends de cette Croix.

Tout beau, cette corde ne touche,
Bouche, ta sacrilege bouche,
Dit le bon larron en pleurant,
Le vice nous met où nous sommes:
Mais pour l'iniquité des hommes
Cét homme iuste va mourant.

Las ! Seigneur, qu'en ce peu d'espace
Qui reste, auant que ie trespasse
Mon salut puisse estre accomply :
A vous seul i'espere & i'aspire,
Quand vous viendrez à vostre Empire,
Ne me mettez pas en oubly.

Propos qui eust tant d'efficace,
Que desia (tout comblé de grace)
Dieu luy dit, approuuant sa foy :
Tu seras poussant ta victoire
Auiourd'huy couronné de gloire
En Paradis auecque moy.

O Dieu ceste douce parole
Volle ce voleur qui te vole,
Vous vous entre-volez tous deux :
Tu luy voles le cœur & l'ame,
Et la viue foy qui l'enflame
Te vole l'Empire des Cieux.

Ouy, Dieu veut bien qu'on le desrobe,
Oste donc mon ame sa robbe
Des mains de ces soldats maudits,
Non, fuy ceste insolente presse,
Et ne sois iamais larronnesse,
Que pour rauir le Paradis.

Mais, quelle douleur violente
Fau dire à la Vierge dolente
Mon fils, mon vnique support,
Qu'à tes cloux ie porte d'ennuie;
Si ie t'ay fuiuy en la vie
Te fuiuray-ie pas en la mort?

Ie dy que mon cœur eſt de marbre
Si te voyant deſſus cét arbre
Souffrir pour moy mille treſpas:
Il ne ſe fend & ne s'entame,
Et s'il ne permet à mon ame
De s'en voler entre tes bras.

Que feray-ie plus en ce monde
Couuerte d'vne nuict profonde,
Perdant mon Soleil radieux,
L'eſpoir de mon aage aduancée,
L'vniquent obiet de ma penſee
Et la lumiere de mes yeux?

Qui euſt pensé à ceſte perte,
Quand ces iours ta langue diſerte
Alloit mes eſprits rauiſſant,
M'apprenant par cœur des loüanges,
Dont tout les neuf ordres des Anges
Vont ou Ciel ton nom beniſſant?

Tantost me parlant de ton Pere,
ntost m'expliquant le mistere
)e l'ineffable Trinité:
'hipostase incomprehensible
)e nostre Nature passible
)uecques ta Diuinité.

M'entretenant de tes chefs-d'œuures
)u merite des bonnes œuures
)u leger fardeau de ta Loy,
De l'Eglise, de ses Trophees,
Des Heresies estouffees,
Et des Triomphes de la Foy.

De l'inscrutable Amour du Verbe,
Du dessein de l'Ange superbe,
De la culbute des Demons,
De tes Iugemens équitables:
Des supplices pour les coulpables,
Des recompenses pour les bons.

Du grand Embrasement du monde,
Des iours de l'Antechrist immonde,
Du Iugement Vniuersel:
D'Adam en l'estat d'innocence,
De son crime, de sa Sentence,
ct du peché originel.

Bref, mon fils que i'eſtois contente
Lors que de ta bouche éloquente
Couloient ces diſcours ſi hardis,
Si doux & ſi pleins de merueilles,
I'eſtimois que dans mes oreilles
Fut enclos tout le Paradis.

M'enueloppent donc les tenebres,
Et facent mes regrets funebres
Pleurer les rochers & les bois,
Que les vents frappez de mes plaintes,
Eſtonnent les oreilles ſainctes
Des mourans accens de ma voix.

Qui dira l'angoiſſe profonde
De l'affable Sauueur du monde
A des gemiſſemens ſi doux:
Trefuc bourreaux, ſa triſte Mere
Le plonge en douleur ſi amere,
Qu'il eſt inſenſible à vos coups.

Femme (dit noſtre humble victime)
Que ton courage magnanime
N'outrepaſſe les iuſtes bords:
Le glaiue qui ton cœur entame,
Me faict plus de playes en l'Ame,
Que les Iuifs ne m'en font au corps.

Penſe-tu que ie t'abandonne?
Non, non quand la tombe gloutonne
Trois iours mon corps te rauira,
Ma diuinité Amoureuſe
De ta belle Ame glorieuſe,
En tous lieux t'accompagnera.

Puis, ayant affronté la Parque
Garroté l'infernal Monarque
Tiré des Limbes mes amis:
I'appareſtray plein d'eſtincelles,
Tant pour conſoler mes fidelles,
Que pour brauer mes ennemis.

En fin, tout rayonneux de Gloire
Sur les aiſles de la victoire,
Ie monteray dedans le Ciel,
D'où ie l'anceray tant de flame
Que ie feray dedans ton ame
Germer vn Printemps eternel.

Lors, combien tes entrailles ſaintes
Sentirons de chaſtes eſtreintes!
D'extaſes, & deſcoulemens!
De tranſports, de graces nouuelles,
De delices ſurnaturelles,
Et de diuers embraſſemens!

Plus viuante au Ciel qu'en la terre
Paisible au milieu de la guerre,
L'Eglese t'aura pour flambeau,
Puis payant tribut à Nature,
A ton corps franc de pourriture
Le Ciel seruira de tombeau.

Y montant en corps & en ame,
Le Soleil respandant sa flame
Sera ton riche vestement,
Ton marchepied la Lune pasle:
Et la Couronne Imperialle
Sera l'estoillé Firmament.

Au deuant de toy tous les Anges,
Cherubins, Seraphins, Archanges,
Et tous les Esprits glorieux
Rauis de ta beauté, sans cesse
Te reclameront leur Princesse
Et salueront Reine des Cieux.

Lors à mon costé droict assise:
Ta face sera si exquise
Qu'apres mes Diuines splendeurs
Rien de plus beau le Ciel n'éclate,
Aussi seras-tu l'Aduocate,
Et le refuge des pecheurs.

Mais attendant l'heure prospere
Qu'en ce triste val de misere
Ton aage sera consommé:
Mon œil qui tousiours te regarde
Te donne pour fidele garde
Iean , mon Disciple bien-aimé.

Heureux dépost , heureux Concierge,
Heureux Disciple , heureuse Vierge,
Heureux tesmoins du Cricifix:
Que vous auez chance contraire!
S. Iean gagne changeant de Mere,
La Vierge perd changeant de Fils.

Où me traine ceste Odolette?
Au gazoüil de cette ondelette
I'estois de sommeil si pressé,
Que ie n'oyois pas la voix forte
Du Sauueur, crier de la sorte:
Pere , pourquoy m'as-tu laißé?

Vierge , ton Fils souffre en son Ame
L'ardeur de l'infernale flame
C'est le Huguenot qui le dit:
O lourds esprits à porter sommes
Falloit-il pour benir les hommes
Qu'vn Dieu dans l'Enfer fut maudit?

Tomberoit bien en ma ceruelle
Qu'vne Ame si saincte & si belle
Premiere des Predestinez.
Vn temps fut de Satan l'esclaue,
Et par le celeste Conclaue
Iugee aux tourmens des damnez.

Iamais Dieu ne laisse & n'oublie
Ce qu'vne fois il s'approprie:
Où fut donc la Diuinité
Du Verbe durant ces vacarmes?
Dira-on qu'entre ces alarmes
Elle fuyoit l'humanité?

Vray est que meu d'Amour extréme,
Soy-mesme il se priue à soy-mesme
Pour souffrir vn plus grand effort,
Et ses Puissances souueraines
Semblent conniuer à ses peines
Et signer son Arrest de mort.

Aussi reclame-il son Pere,
Caluin dit qu'il se desespere.
O l'impudent, le Reprouué,
Qui sauuera donc l'homme immonde
Si le Iuste Sauueur du Monde
A peur de n'estre pas sauué?

Erreur, horreur, rage, manie,
Iamais Démon, iamais furie
Tant d'impietez, n'ont vomy,
Aussi ce blaspheme execrable
Monstre l'heretique estre vn diable,
Et Caluin vn diable & demy.

Les Maniaques ont ces songes,
Les Démons forgent ces mensonges,
Les Singes tirent ces lardons,
Les Vers aiment ces pourritures,
Les Pourceaux fouillent ces ordures,
Les Asnes broutent ces chardons.

Car l'inapretiable somme
Qui paye la rançon de l'homme,
Et qui la tire des Enfers,
Des nombreux tourmens ne deriue:
Ains, de la bonté excessiue
De celuy qui les a souffers.

Quand Seigneur, en cette agonie
Ie voy ta Bonté infinie
Souffrir pour moy tant de tourment,
Ie voudroy, maudissant mon estre,
Que ce iour-là qui m'a veu naistre
M'eust veu porter au Monument.

Faut-il que pour ceſte vermine
Ceſte puante Camarine,
Ce crachat, ce limon, ces vers:
Le Roy des Cieux meure en la terre,
Et qu'vn Pigmé face la guerre
A l'Hercule de l'Vniuers?

Qu'eſt-ce de l'homme tant ſuperbe,
Que tu daignes, ô Sacré Verbe!
Mourir pour de mort l'exempter?
Auoit merité ceſte cendre
Que Dieu par l'homme ſe fit vendre,
Afin de l'homme racheter.

Les Anges ſont tes creatures
Plus excellentes & plus pures
Que l'homme ſuieȼt au treſpas:
Toutesfois, ô ſecrets eſtranges!
Inexorable aux mauuais Anges,
Tu meurs pour les hommes ingrats.

Mais tu es long-temps le ſpeȼtacle
De ce peuple demoniacle!
De ſes traiȼts la butte & le blanc!
Attens-tu Seigneur d'autres peines?
Reſte-t'il encor dans tes veines
Quelque gouttelette de ſang?

Oüy , mon Dieu, car bien que tu ayes
Le corps nauré de mille playes
Dont le sang par tout va coulant:
Ton ame encor n'est pas contente,
Si la soif ne va violente
Ta langue & tes poulmons bruslant.

D'où vient ceste soif inhumaine?
Es-tu pas l'vnique fontaine
Où se puisent les viues eaux?
Nature icy brise sa course
Puis que l'inépuisable source
Demande à boire à ses ruisseaux.

Non , non la soif qui te martire,
N'est pas que ta langue desire
Quelque friande potion,
Mais , tu brusles d'extréme enuie
Que ie face toute ma vie
Mon profit de ta passion.

Voyez ô pourceaux d'Epicure,
Gourmands , qui n'auez autre cure
Qu'à banqueter splendidement,
L'Autheur de la machine ronde
Mourant , n'a peu fournir au monde
Vne goütte d'eau seulement.

Vos débauches n'ont point de trefue
Tandis que Iesus on abbreuue
De Vin-aigre & de fiel amer,
Poëtes, où est l'Ambrosie
Dont Iupiter se rassasie
Aux festins du Dieu de la mer?

O bouche d'or, bouche de bâme!
Bouche que ma bouche reclame,
D'où vient qu'ores pleine de fiel
Ta parole est si salutaire,
Et que de ton Absinthe amere
Distillent nos rayons de miel?

Mais, Seigneur, ton beau front d'yuoire,
Maiestueux thrône de gloire,
Baissé, la terre va mirant:
Est-ce mon peché qui l'assomme?
Ou bien pour reprocher à l'homme
Que pour luy seul tu vas mourant?

Quoy? les renards ont des tanieres,
Les arondelles printanieres
Ont leurs nids exempts de méchef,
Les Ours leur cauerne profonde,
Et le Prince de tout le monde
N'a pas où reposer son chef.

Mais, quels troubles, qu'elles tempestes,
Quels esclairs menacent nos testes?
Les tombeaux vomissent les os!
L'Enfer fremit, la terre tremble,
Et tous les elemens ensemble
Retournent au premier cahos!

De quelles tenebres funestes
Se couurent les cercles celestes?
Pourquoy ce grand manteau de dueil
Cache la face de la terre?
D'où vient qu'au milieu de son erre
S'éclipse auiourd'huy le Soleil?

Que veulent dirent ces desastres,
Qui trouble ainsi le cours des Astres?
Qui brouilleurs de ressorts diuers,
Ou Dieu patist : ou faut resoudre
Que bien tost l'on verra dissoudre
La machine de l'Vniuers.

Helas! où ces frayeurs me portent!
Où ces miracles me trasportent!
Ie ne voyois pas que la mort
Triomphoit de mon Dieu supréme,
Qui mort, pour brauer la mort mesme
Met à mort la mort qui nous mord.

Pere, (dit ce Legat celeste)
Puis que rien de ma part ne reste
Qui serue au salut des humains,
Et que ma charge est accomplie:
Borne mon innocente vie
Et reçois mon ame en tes mains.

O belle ame donc tu t'en voles!
Desia tu arpentes les poles,
Et les Anges par millions
Chantent en leurs concerts insignes
Qu'eux ny les Cieux ne sont pas dign:
D'adorer tes perfections.

Baisse les yeux regarde ô Pere
Ton Abel meurtry par son frere,
Voy le sang iuste respandu,
Regarde la robbe sanglante
De l'humble Ioseph que ie chante
Par ses propres freres vendu.

Lance ton foudre Pere digne,
Sur ces Laboureurs de ta vigne
Qui ton heritier ont occis,
Quel traictement, ces sanguinaires
Feront-ils à tes mercenaires
Puis qu'ils ont massacré ton Fils?

Pauures Apostres que d'iniures
De feux, de fers , & de tortures
Ie preuoy tomber dessus vous?
Mais en fin les Rois de la terre
Aux pieds des successeurs de Pierre
Fléchiront vn iour les genoux.

Et toy pecheur au cœur de marbre
Tu vois Dieu mourir sur cét arbre,
Les rochers s'en fendent d'effroy,
Et ton courage est inflexible
Faut-il qu'vne pierre insensible
Ait plus de sentiment que toy?

Où es-tu Vierge bien-aimée
Ne sera donc point exprimée
Dans ces tristes vers tes langueurs?
Pardonne si ma violence
Couure du rideau de silence
Tes inexplicables douleurs.

I'aime mieux Mere glorieuse
Embasmer la chair precieuse
De Iesus Christ mon Redempteur,
Et luy dresser vn Epitaphe,
Mais ie veux pour son Cenotaphe
Luy faire vn tombeau de mon cœur.

Trois iours dans la tombe moisie
Sera son corps priué de vie,
Mais s'il aduient que desormais
Sa chair dedans mon cœur repose,
Ie l'y tiendray si bien enclose
Qu'elle n'en sortira iamais.

Que dy-ie, dans ce cœur immonde
Où Satan, le vice, & le monde
Ont tant vomy & tant craché?
Ce seroit le Ciel dans la terre,
La paix dans le sein de la guerre,
Et la grace dans le peché,

Il est vray que la penitence
Restablissant mon innocence
Me peut refaire vn cœur nouueau,
Et s'il fut beau deuant mon vice:
Seigneur m'imputant ta Iustice,
Tu le rendras encor plus beau.

Du moins, puis qu'il faut que la terre
Vn temps tes saincts m'embres enserre
Mon celeste espoux permets moy,
Qu'auiourd'huy ie perde la vie,
Et que Ioseph d'Arimathie
M'enseuclisse auecques toy.

Ou, vif qu'en ta fosse ie tombe,
Mais la mort s'enfuit de ta Tombe,
Ie n'irois moins te sur-viuant,
Ta mort les morts à viure excite,
Et si le mort en ressuscite,
En pourroit mourir le viuant?

O mon beau Soleil de Iustice
Faut-il que tu souffres éclipse
Si long temps dedans ce cercueil?
O terre ingratte, obscure & sombre
Pourquoy caches-tu de ton ombre
La face de mon beau Soleil?

Sors donc ma clarté coustumiere,
Viue lumiere de lumiere,
Les Cieux sont en obscurité,
Tandis que ce tombeau t'enserre,
Les tenebres sont sur la terre,
Et l'Enfer est plein de clarté.

Cependant, malgré ces gensd'armes
I'écriray de mes tristes larmes
Sur ton Sepulchre ces trois vers:
Cy gist en ce petit espace
Celuy qui sans occuper place,
Remplit tout ce grand Vniuers.

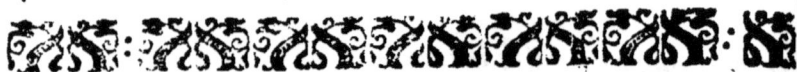

SONNETS SVR LA PASSION
du Sauueur.

OV allez-vous mõ Dieu:hé!que voulez-vous faire?
 Quelle part trainez-vous cette pesante Croix?
Laiſſez-là ce gibet le ſupplice ordinaire
Des coulpables punis par la rigueur des loix.

 O debonnaire Iſaac! où portez-vous ce bois
Ne ſçauez-vous pas bien que c'eſt pour vous deffaire?
O Roy des innocens, ô l'innocent des Rois!
Auez-vous reſolut de mourir ſur Caluaire?

 Caluaire lieu maudit, infame, & plein d'horreurs,
Caluaire, où les meſchans expient leurs erreurs,
Encor mourir en Croix, ſupplice abominable:

 Irez-vous bien ſans honte en ce honteux tourment?
Ouy, le iuſte iamais ne meurt honteuſement,
La mort de l'innocent eſt touſiours honorable.

I I.

QV e faites-vous bourreaux:helas!c'eſt mon Sauueur
 Qu'ainſi vous meurtriſſez, laiſſez-le ie vous prie,
Faut-il contre vn Agneau montrer tant de furie?
Voſtre rage croit-elle aupres de ſa douceur?

Son modeſte parler : ſon regard rauiſſeur,
N'ont-ils peu deſtourner voſtre damnable enuie?
Ou bien s'il doit mourir pour vous donner la vie
Faut-il le maſſacrer auec tant de rigueur?

Mais, quelle forme encor gardez-vous en iuſtice?
Nommez-luy ſes teſmoins, ſa partie & ſon vice:
S'il eſt digne de mort que ne le iugez-vous?

Qu'vn prophane Payen pour le moins ne le iuge,
Ah! ie voy bien que c'eſt : traiſtres, vous eſtes tous
Ses bourreaux, ſes teſmoins, ſa partie & ſon Iuge.

III.

Seroit-ce là mon Dieu que ce phantoſme affreux!
Tout courbé ſous le faix de ceſte Croix peſante?
Ce Roy qui a pour ſceptre vn roſeau douloureux,
Et pour ſon diadéme vne épine poignante?

Seroit-ce là mon Dieu qu'vne tourbe hurlante
Traiĉte ſi rudement ce difforme Lepreux?
Le viſage enlaidy de crachats limonneux,
Le corps moulu de coups, la peau toute ſanglante?

Seroit-ce là mon Dieu? non, non ce n'eſt-il pas,
C'eſt quelque criminel que l'on meine au treſpas:
Que dy-ie ſacrilege : ô blaſpheme execrable!

C'eſt mon Dieu, mon Sauueur, & mon Roy glorieux,
Mais, le monde trompeur, & la Chair, & le diable
Sont trois vilains corbeaux qui me creuoient les yeux.

IIII.

SAcrez ruiſſeaux de ſang qui baignez ce ſaint bois,
   Beaux fleuues de corail, rouges frangeons de flame,
   Non flame, corail, ſang : ains ſalutaire baſme
Qui coulez auiourd'huy de l'arbre de la Croix.

   Eſcarboucles ſanguins, threſor du Roy des Rois,
   Saints rubis, dont l'eſclat d'vn beau deſir m'enflame,
   Cà que ie vous adore & reçoiue en mon ame,
Puisqu'il ne m'eſt permis vous toucher de mes doigts.

   Ialliſſez donc beau ſang de ces playes ſacrées,
   Lauez-moy, purgez-moy dons vos ondes pourprées,
Pour noyer mes pechez faites vn large eſtang :

   Non, Seigneur arreſtez ces precieuſes ondes,
   C'eſt trop pour vn pecheur prodigué voſtre ſang.
Il n'en faut qu'vne goutte à ſauuer mille mondes.

V.

PElerins qui paſſez par la Cité du monde,
   Miſerables mortels qui courez enragez,

Apres vos paßions, arreſtez, & iugez
S'il eſt vne douleur qui ma douleur ſeconde.

Voyez combien de ſang de mes veines débonde,
Voyez mes mains, mes pieds de cloux outrepercez,
Ma peauconſuë aux os, mes membres haraſſez,
Et mon coſté ouuert d'vne playe profonde.

Mais, pourrez-vous mortels contempler mes douleurs
Sans faire de vos yeux deux fontaines de pleurs;
Non, ne pleurez pour moy, ains pleurez pour vous-meſ-
mes.

Car ce ſont vos pechez qui me font tant ſouffrir
Et ſi mort vne fois ie peuuois remourir:
Ie mourrois tous les iours pour vos vices extrémes.

VI.

TV l'as promis, Seigneur, quand ſur noſtre baſ-
Tu ſerois exalté: d'attirer tout àtoy,   (ſeſſe
Ores que ſur la Croix exalté ie te voy,
Ie te ſomme auiourd'uy d'accomplir ta promeſſe.

Oſte moy donc mon Dieu de la mondaine preſſe,
Que ie boiue à longs traiEts le neEtar de ta foy:
Releue, leue, éleue, attire, tire moy,
Et m'écartes bien loin du peché qui m'oppreſſe.

Hercule eut-il dompté Anthée au corps nerueux
S'il ne l'eut enleué dans l'air par les cheueux
L'empeschant de toucher la terre sa maraflre!

Ainſi te faut-il faire, ô Dieu de mes deſirs!
Veux-tu vaincre auiourd'huy mon cœur opiniaſtre?
Il te faut l'arracher des terreſtres plaiſirs.

VII.

Qve de paix & de guerre on void ſur ceſte Croix!
    Que de miel & de fiel, que d'amour & de haine!
Que de iour & de nuiſt de repos & de peine!
Que d'eſtroitte Iuſtice & de grace à la fois!

Crucifier vn Dieu! pendre le Roy des Rois,
O Iuſtice, nuiſt, fiel, haine, guerre inhumaine,
Ouy, mais, c'eſt pour ſauuer toute la race humaine:
O paix, miel, iour, amour, repos & douces loix.

Donques Iuſtice & paix ſe ſont entrebaiſées,
Ces deux extrémitez ne ſont plus oppoſées,
La clemence auiourd'huy du grand Iuge obtiendra.

Vn general pardon pour l'humaine malice,
Mais, à condition que ſon fils en mourra
Afin de ſatisfaire à ſa grande Iuſtice.

LA VIERGE
AV PIED DE LA CROIX.

PAVSE I.

L'AVTHEVR.

VI *veut chanter Amour, sa trousse & son brandon,* (don,
Qu'il inuoque Cyprine, & son fils Cupi-
Que le chantre guerrier reclame sa Bello-
Qu'au nombre Phrygien, il tonne, estonne, entonne (ne,
Sur la trompe d'airain les orages de Mars :
Que l'Escriuain de Cour pour bruire en toutes pars
Les Histoires des Roys, aille sur Pinde boire
De l'Onde consacrée aux Filles de Memoire;
Qu'il s'y baigne neuf fois, & que dans ce vallon
Neuf fois guide le bal des neuf Sœurs d'Apollon:
Prophanes gayetez d'vne prophane plume.
Pour moy qu'vn feu plus saint plus sainctement allume,

Ie veux Poëte Chreſtien porter par l'vniuers
Le Nom du plus grand Dieu, ſur l'aiſle de vers.

Ie vous inuoque donc, Seigneur, que voſtre Grace,
Tant de grace répande en ce vers que ie trace
Que i'en charme l'oreille & rauiſſe les cœurs,
Qu'il n'y ait cœur ſi durqui ne ſe fonde en pleurs,
Qu'il n'y ait ſang ſi froid qu'auiourd'huy ie n'embraʒe.

O mon cher Apollon, ma Muſe, mon Pegaʒe,
Moderateur des Cieux, immenſe Eternité,
Sacre moy ton Poëte à la poſterité,
Trouble, rauy, poſſede, & tranſporte mon ame
Sur les extaʒes ſainſts d'vn doux enthouſiaſme,
Afin qu'elle rauie en toy premierement,
Rauiſſe tout le monde en ſon rauiſſement,
Comme vn Ciel emporté de l'Ange qui le guide
Les autres Cieux emporte en ſa courſe rapide.

Sacrée Maieſté, Reine des beaux eſprits,
C'eſt en voſtre faueur que ie fay ces eſcrits,
Les infeſteʒ regards de la blaffarde Enuie
Aguigne de trauers voſtre honorable vie,
N'empeſcherout iamais qu'au front de mes labeurs
Ie ne face eſclater vos Royales grandeurs.

La France qui ietta ſur voſtre grand courage
L'ancre de ſon ſalut, quand le dernier naufrage
Submergea ſon Pilote, & qu'on vid furieux
Souffler de toutes parts les vents ambitieux,
Si toſt voſtre Prudence aux malheurs n'euſt faiſt teſte,
Calmé

Calmé les vents mutins, accoisé la tempeste,
Redreßé le penchant du Nauire François,
Dißipé nos frayeurs, allié deux grands Rois,
Et remis cét Empire en sa splendeur pristine,
Lors que plus il sembloit menacer de ruine:
Que l'ingratte au cœur double ayant enseuely
Tant d'actes signalez au tombeau de l'oubly:
Pour suspecte vous tint & les louches prunelles
Ne peurent plus souffrir les viues estincelles
D'vn si brillant Soleil, tant le mortel poison
Des sordides flatteurs alterent la raison:
Flatteurs peste des grands, ennemis domestiques
L'ordinaire fleau des grandes Republiques,
Amphibenes serpens, emplastres à tous maux,
Cappes a tous enuers, selles à tous cheuaux,
Leopards tauelez, variables Prothées,
Dangereux attirail des maisons frequentées.

Moillons l'ancre ma Muse, ou relaschons au port:
Car l'orage est trop grand, & le vent est trop fort,
Grande Reine pardon si ie n'ose tout dire,
Ie crains contre ces bancs d'écraser mon nauire,
Vne secrette peur me dérobe la voix,
La verité n'a plus de credit chez les Roys;
Nous sommes en vn siecle où le mensonge blesme
Donne le démenty à la verité mesme,
Où la langue & le cœur se suiuent de bien loin:
Où le bien & le mal marquez de mesme coin

D

Donnent souuent le change, en siecle de malice
Ou vertu en tutelle est esclaue du vice,
Ou le vice piaphe, ou les cœurs sont gehennez,
Les coulpables absous, les iustes condamnez.

    Mais le masque leué, l'innocence cognuë,
La blanche verité parestra tout nuë,
Alors vos seruiteurs diront à haute voix
Combien fut vostre sang necessaire aux François,
Et la Deesse alors aux cent bouches faconde,
Publira vostre los par tous les coins du monde:
Et fera derechef malgré les enuieux
Le nom de M E D I C I S retentir dans les Cieux.

    Pour moy, tant qu'Apollon me sera fauorable
Mes escrits ne bruiront que ce nom venerable,
Et ie l'engraueray par cent chiffres diuers
En grosses lettres d'or au portail de mes vers;
Vers qu'vn chaste Lecteur pourra lire sans crainte,
Vers qui seront tous saints comme vous estes sainte:
Sainte, car non mondaine au monde des mondains
Vous pestrissez la poix sans en gluer vos mains.
Aussi ie vous compare à ce beau fleuue Alphee
Qui sans saler ses flots passe la mer salee,
Aux Cedres du Liban, qui pousse glorieux
Leurs racines en terre & leurs branches aux Cieux,
Car vous traictez la paix dans le sein de la guerre
Et traffiquez au Ciel sans bouger de la terre:
Bref qui déuelopé de toutes passions

Iugera franchement de vos perfections,
Il dira que le Ciel en terre vous a faicte
Pour l'exemple parfaict d'vne Reine parfaicte.

Delà, i'ose esperer que vos yeux feront cas
De ce beau Crucifix que ie mets en vos bras,
Ioint que pour honorer deux grandeurs souueraines
I'offre le Roy des Rois à la Reine des Reines,
A la Reine de France, vn Tableau precieux
Peint de la propre main de la Reine des Cieux:
Tableau plus merueilleux que les œuures qu'on vante
D'Appelle, de Mirrhon, de Xeuze, de Thimante,
C'est vn Poëte muet que le peintre excellent:
Mais l'excellent Poëte est vn peintre parlant.

Que si ce mort n'est peint assez vif dans mes carmes
C'est que i'en destrempay les couleurs de mes larmes:
Car le ressentiment des douleurs de la Croix
Me faisoit à tous coups cheoir le pinceau des doigts,
Et lors que i'en tirois quelque traict, à mesure
Les ruisseaux de mes pleurs effaçoient ma peinture.

Non, autrement qu'on void quand le feu mesnager
Ondoye autour d'vn pot d'vn mouuement leger,
Le pot chauffe le flot, le flot chaud bou-bouillonne,
Le bouillon se blanchit, escume, gredillonne,
Grince au bord, pirouette, & saute à petits bonds,
Puis craquettant, criard tombe sur les charbons:
Ainsi quand i'escriuois tant de peines cruelles,
Vn feu d'amour diuin m'eschauffoit les moüelles,

D 2.

Dont la flame ondoyante à l'entour de mon cœur
L'embrasoit sainctement d'vne saincte chaleur,
Mon cœur tout embrazé embraze l'onde emeuë
Des mobiles humeurs, l'humeur boult, se remuë,
Creue, iallit en haut, heurte mes passions,
Nage dessus le bord de mes affections,
S'émancipe, fait largue à son onde boüillante,
Qui en cristaux larmeux par mes yeux distillante,
Trompoit tout mon papier si que i'estois contraint,
(Tant la iuste douleur tenoit mon cœur estreint)
Pour pleurer tout mon saoul de quitter mon ouurage.

     Puis le trop de clarté m'enueloppoit d'ombrage,
En champ si spacieux ma raison se perdoit
Le trop riche argument souffreteux me rendoit,
Entre tant de discours ma Muse estoit muette,
Et l'abondance estoit cause de ma disette.

PAVSE II.

'Estoit aux longues nuicts que le courrier des
          Cieux
Loge au frileux Archer son coche radieux,
L'amoureuse Vesper diligente portiere,
Qui du Ciel ouure & ferme aux Astres la barriere,

Ià l'ouurant à Phœbé le fermoit à Phœbus,
Ià les Dieux boccagers, les Satyres barbus,
Les Faunes, les Siluains, les Nymphes & les Fées,
Chassoyent auec Diane à meutes découplées :
Ià dans son antre obscur le germain d'Atropos
Ses pauots pressurant d'vn ocieux repos,
Soulageoit les mortels : Le sommeilleux Morphée,
Par la porte de corne ou d'yuoire estoffee
Dans l'esprit des dormans couloit ses visions.

Seul au monde i'estois, dont les afflictions
N'auoient point de repos, vne crainte assiduë
Des tourmens de l'Enfer tient mon ame esperduë,
L'horreur de mon peché est tousiours deuant moy,
Et ie pense tousiours voir mon Iuge & mon Roy,
Hausser son bras vangeur & d'vn esclat de foudre
Escarboüiller mon chef & le reduire en poudre :
Le poignant souuenir de mon temps mal passé,
M'est vn cruel bourreau, qui n'est iamais lassé
De tenailler mon cœur, vne Idole effroyable
Qui tousiours se presente à mon ame coulpable,
Ie pense tousiours ouyr ce grand adiournement :
O morts réueillez-vous, venez en iugement.

Helas ! disois-ie alors qu'aueugles sont les hommes,
Qui fondent leur espoir en ce monde où nous sommes,
Qui veulent tousiours viure & ne s'aduisent pas,
Que la vie n'est rien qu'vn chemin au trespas,
Que tout penche au declin, qu'en fin la fin approche.

Comme un traict empenné qu'vn arc tendu décoche,
(Les Atomes fendans du vague fein de l'air)
Vole rapidement & ne ceffe d'aller
Tant que du bras nerueux la roideur qui le pouffe
S'aboliffe du tout & perde fa fecouffe,
Ou qu'vn folide obftacle à fon vol s'oppofant
Anticipe fa borne, & l'aille débrifant:
De mefme noftre corps auffi toft qu'il a vie,
Ne ceffe de courir à la tombe moifie,
Tant que tout confomme l'humide radical
S'éuapore le chaud de fon efprit vital,
Ou que par accident Fortune émancipée
Retranche de fes iours la borne anticipée.

    Voila la giroüette où tournent nos defirs,
Le fable où nous iettons l'ancre de nos plaifirs,
L'onde où nous battiffons nos folles efperances,
L'air où nous efcriuons l'orgueil de nos puiffances,
Voila que c'eft du corps que tant nous cheriffons,
Voila ce petit ver que tant nous carreffons,
Ce poulpe monftrueux qui foy-mefme fe ronge,
Ce fetide bourbier où noftre ame fe plonge,
Cét opaque broüillars qui cache fa fplendeur,
Ce charbon qui noircit fa celefte candeur,
Ce tifon de peché qui la brufle & l'enflame:
Bref, le corps n'eft finon que la prifon de l'ame,
Son tyran, fon forçat, fon meurtrier, fon bourreau,
Son lict contagieux, fon gouffre, fon tombeau.

L'homme eſtant obligé à la viciſſitude
Qu'il n'a rien plus certain que ſon incertitude,
Bruſquement agité par les reſſorts diuers
Qui excitent le branle à ce grand Vniuers,
C'eſt vn fr ſle vaiſſeau ſur le dos de Neptune,
C'eſt vn v rre fragile aux mains de la Fortune,
Vne ampoule au ruiſſeau, vn ombre qui s'enfuit
La bourre d'vn chardon, le ſonge d'vne nuict,
Sa vie eſt vn torrent, dont les ondes ameres
Se vont precipitant au trauers les miseres,
Tant qu'il ſoit paruenu au tombeau pourriſſant,
Où les plaiſirs mondains ſe vont aboutiſſant.

Les Parthes à bon droict par ceſte preuoyance,
Ploroient de leurs enfans la fatale naiſſance,
Mais quand ils les portoient au ſepulchre poudreux,
Ils auoient le cœur gay, le front calme & ioyeux,
Et chantant au conuoy vne hymne d'allegreſſe
Ils enſeueliſſoient leur peur & leur triſteſſe.

Auſſi dans le pour pris de ce grand firmament
Plus que l'homme eſt-il rien ſuiet au changement,
Combien d'aduerſitez, d'encombres de deſaſtres
Luy viennent-ils du Ciel, & de l'influs des Aſtres,
Combien luy braſſe encor de maux & de douleurs
Le deſordre confus de ſes mixtes humeurs?
Combien luy trame auſſi de diuerſes menees
Le cours impetueux des fortes deſtinees?

Puis deſſois-ie, Seigneur, ces deſtins inuentez,

D 4

Ces fortunes, ces sorts, & ces fatalitez
Sont chimeres en l'air, ce sont fables payennes
Indignes de loger dans les ames Chrestiennes:
Nous n'auons point de bien qu'il ne vienne de vous,
Nous n'auons point de maux qu'ils ne viennent de nous:
L'homme a la clef des champs luy-mesme s'emprisonne,
Il cognoit le venin luy-mesme s'empoisonne,
Il porte la chandelle & ne s'esclaire pas,
Car le monde a tant d'art, d'astuces & d'appas,
Et sçait si bien sucrer & dorer ses pillules
Qu'il en trompe à la fin nos ames trop credules.

　　　Celuy qui contera les atomes de l'air
Les Estoilles du Ciel, le sable de la mer,
Les faces de Prothé, les presens de l'Automne
Les flocons dont l'Hyuer nos campagnes cotonne,
Les épics de l'Esté, les herbes du Printemps,
Il dira les abus, les ieux, les passe-temps,
Dont le monde se sert pour deceuoir les hommes.

　　　Les mondains sont enfans qu'on amuse de pommes,
Des gourmands Esaüs qui vendent pour des poids
Leur primogeniture, & preferent en choix
L'Egipte de ce monde & les maux qu'il enserre,
Aux perdurables biens de leur celeste terre.

　　　Le mondain n'a iamais vne heure de repos
Si par fois le sommeil se glisse dans ses os,
Vn songe espouuentable en sursant le réueille,
Si l'honneur auiourd'huy luy chatoüille l'oreille:

La honte luy fera demain baiſſer les yeux,
Si Fortune auiourd'huy le guinde dans les Cieux,
Demain le precipite au plus bas de ſa rouë,
Si ores dans la mer des richeſſes il noüe,
Tantoſt il ſera pauure, auiourd'huy vn Creſus,
Demain vn Diogene : auiourd'huy vn Cyrus,
Demain vn Belliſſaire : auiourd'huy Alexandre
Et demain Darius : Bref, comme on voit s'épandre
Vne freſle fumee aux tourbillons du vent
La vapeur des honneurs s'éuanoüit ſouuent,
Le Soleil des grandeurs eſt ſuiet à l'éclipſe,
Sous les plus belles fleurs la Couleuure ſe gliſſe,
L'endroit de la fortune a touſiours ſon enuers,
La Medaille du monde a touſiours ſon reuers,
Chaque iour a ſa nuiĉt, ſon gouffre la Syrene,
La Roze ſon eſpine, & le plaiſir ſa peine.

    Le monde aux mondains ſemble vn roc de fermeté,
Le fleuue regorgeant de toute volupté,
Vn iardin émaillé de fleurs infaniſſables,
Vn riche magaſin de beautez perdurables,
Vn tranquille Ocean, vn eternel ſeiour,
Vn Palais permanent, vn Paradis d'amour.

    Mais celuy-là Seigneur qui a l'ame repuë
De tes celeſtes mets dont elle eſt ſi gouluë
Qui a ſenty couler la ſuaue liqueur
De tes chaſtes Amours au profond de ſon cœur,
N'en iuge pas ainſi ſon courage immuable

Abomine touſiours ce monde abominable;
Fuit preſſé ſur la gorge & foule ſous le pié
Son miel enfiellé, ſon fiel enmiellé.

Il iuge que ce n'eſt qu'vne plume emportee
D'vn rapide torrent vne mer agitee,
Par contraſte de vents, vn vent prompt & leger
Vn pont qu'on ne ſçauroit trauerſer ſans danger,
Vn feu tout deuorant, enfin il le preſume
Vn feu, vn pont, vn vent, vne mer, vne plume.

O deteſtable monde ! ô monde plein d'erreur!
Monde immonde que i'ay plus que peſte en horreur;
Abyſme de tous maux, Charibde ineuitable,
Le chemin de l'Enfer, le promenoir du diable,
Abominable eſgouſt de toute ſaleté;
Où l'iniuſtice vogue, où regne impieté;
Cloaque ord & puant Æthna rouge de flames,
Le bourbier de nos corps, le bourreau de nos ames,
Deceptif enchanteur, cruel, traiſtre, leger,
Variable, inconſtant, trompeur & menſonger;
Feras-tu ton profit touſiours de mon dommage?
Porteray-ie touſiours tes fers & ton cordage?
Verray-ie point bien-toſt mon eſprit démeſlé,
De tes charmeux gluaux qui l'ont enſorcelé?

Le monde imite bien de Nauple la malice,
Qui fit perdre en la Mer la Gregeoiſe Milice;
Ce traiſtre ſur des rocs fit poſer des flambeaux
Qui vous des ieunes Grecs qui ſingloient ſur les eaux

Reuirevent le cap, changerent le cordage,
Et ~oguant vers ces feux : Terre, terre, courage
(Difoyent ces Palladins) nos intimes amis
Aux fommets de leurs tours ces Phares nous ont mis,
Pour nous monftrer le port, & vers eux nous conduire;
Imprudens Mariniers qui ces feux croyent luire,
Afin de les fauuer, & ne fe doutoient pas
Que ce Roy irrité, pour vanger le trefpas
De fon fils Palamede, en fa fureur extréme
Leur braffoit de long-temps ce mortel ftratageme,
Plus dont ils approchoient ces flambeaux preparez,
Et plus ils s'enfermoient dans ces rocs Capharez ;
Quand voicy que les vents & les vagues fi hautes
Roidement, rudement pouffent ces Argonautes
Contre les grands rochers, vn horrible fracas
Démembre le Nauire en mille & mille efclats,
La troupe au defefpoir en vain fe fauuer tafche,
L'vn embraffe le maft, l'autre aux efcueils s'attache,
Qui meurt autant de fois comme le flot baueux
Battant le roc à flanc luy baigne fes cheueux;
L'autre plus hazardeux fe met dedans la hune,
Et fe laiffe conduire au gré de la Fortune:
L'autre effaye difpos & de pieds & de mains
Fendre le mol azur de ces flots inhumains:
Mais en vain ces efforts, Thetis en fin engouffre
La Nef & les Nochers dedans fon large gouffe.
    Ce Nauple defloyal, c'eft le monde trompeur,

Les diſſolus mondains, cette Gregoiſe fleur,
Et les boüillans deſirs de nos ames immondes,
Figurent d'Eboé les orageuſes ondes,
Ces rochers capharez dedans la mer cachez
Sont les bancs perilleux de nos ſales pechez,
Couuerts des flots trompeurs des humaines malices,
La femme eſt vne mer de mortels precipices,
Et ſes pipeurs regards, ſes laſciues Amours,
Ses cheueux ſaupoudrez, ſes blandiſſans diſcours,
Ses ſourcils en arcade & ſes ſouſris lubriques,
Ses ſouſpirs contrefaicts, ſes geſtes impudiques,
Ses tetins ébraillez, ces habits ſomptueux
Sont en ce monde autant de flambeaux dangereux
Qui écartent la Nef de la chair pechereſſe,
Contre les flancs pierreux du peché qui l'oppreſſe,
L'oppreſſe, preſſe, perce, & la faict abyſmer
Dans les gouffres obſcurs de l'infernale mer.
     Le monde eſt vn marchand qui liure à grand meſure:
Mais nous en payons bien l'intereſt & l'vſure,
C'vn vn Ange d'abord, vn Ange gracieux;
Mais apres vn Demon, vn Demon furieux,
Vne infecte harpie auidement cruelle
Qui a le ſein, le front, & l'œil d'vne pucelle,
Mais qui cache en ſes doigts d'yuoire blanchiſſans
Des ongles de Lyon croches & rauiſſans,
Car parmy les plaiſirs où ce traiſtre ſe plonge
Le ver de repentir les entrailles nous ronge.

Le monde eſt vne chaſſe où dans le rét ſouuent
Le plus agile eſprit s'empeſtre plus auant,
Satan eſt vn chaſſeur, ſes reths ſont ſes fineſſes,
Ses pieges deceptifs les auares richeſſes,
Son épieu noſtre chair, ſa glu l'oyſiueté,
La femme ſon oyſeau, ſon leurre la beauté,
Nos ames ſont ſa proye, & les bois qu'il frequente
C'eſt la Cour de nos Roys & la ville affluente,
Sa trompe bourdonnante eſt la tentation,
Ses robuſtes limiers vengeance, ambition,
Ses lieuriers pieds de vent, c'eſt le ſcadre des vices,
Et ſes terriers baſſeins les charnelles delices.
   Or comme le Veneur a chaſſer bien expert
Se voyant en defaut & que ſa meute perd
Le trac premier frayé de la Biche farouche,
Son cornet eſclattant à ioüe enflee embouche,
Huant ſes chiens courans qui clabaudant en vain
Eſcartez dans les bois, lors à ce ſon hautain
La troupe ſe rallie & gaillarde pourchaſſe,
Par le fray retrouué la beſte deſia laſſe,
Enfin il l'a regité, elle eſchappe, il la ſuit,
Il la ferme, elle ruſe, il la preſſe, elle fuit,
Elle eſt priſe, il l'accule, & de ſes chiens l'enferre,
Puis de ſon rude eſpieu d'outre en outre l'enferre.
   Tout de meſme Satan voyant que le mondain
Touché d'vn repentir eſchappe de ſa main,
Qu'il donne libre entrée à la grace diuine

Et que l'amour de Dieu enflame sa poictrine,
Ce Grand Veneur d'Enfer inuente rets sur rets,
Dresse piege sur piege, & filets sur filets,
Aux escoutes, au guet, & de route nouuelle
Il court,brasse,tracasse, & chasse de plus belle,
Tant qu'en fin il relance & remet aux abbois
Cette ame repoussee au plus profond du bois.

PAVSE III.

Rriere donc le monde & ses traistres com-
        plices,
Regorge qui voudra du vin de ses delices,
C'est vn monde de sang , de feu, de fiel, de
Vn cahos, vn sepulchre, vn abysme, vn Enfer,   (fer,
Vn gouffre, vn coupe-gorge, vn spelonque, vn Dedale,
Vn Busire, vn Gelon, vn Scithe, vn Canibale.

O formidable monstre! ô mon humble Saüueur
Cache moy pour iamais au sein de ta faueur,
Preserue-moy, Seigneur, des atteintes du monde,
De la boüillante chair & de l'esprit immonde,
I'ayme mieux dans l'effroy d'vn solitaire bois,
Porter iusques à la mort ma penitente Croix.
O belles ames d'or, Hermites solitaires

Que vous estes heureux d'habiter les repaires
Des Tygres & des Ours dans ces antres moussus,
Du grand courrier des cieux non encor aperçeus;
Sous les moites caueaux des roches sourcilleuses,
Contre les flos gloutons des mers plus orageuses,
Sur les mobiles flancs des alterez sablons,
Dans ces chauues deserts, dans ces sombres valons,
Où dessus les hauts monts dont les cimes chenues
Percent l'opaque sein des vagabondes nuës.

Si comme les mondains vous ne sauourez pas
Tant de mille delices & de charmeux appas;
Si du luxe mondain la pompe superfluë
De vos yeux innocens ne chatoüille la veuë,
Au moins sont-ils exempts de ses charmes moqueurs
Dont vn lascif regard ensorcelle nos cœurs:
Si vos tables ne sont splendides estimees,
Vos beaux esprits ne sont obscurcis des fumees,
D'vn ventre crapuleux & ne craignez encor
L'Italique boucon aedans vos vases d'or:
Iamais l'ambition vostre ame ne bourrelle,
Ains comme elle a gousté le Nectar qui ruisselle
Aux extases sacrez des Meditations,
Elle en est si friande, & ses affections
Prennent tant de racine en ses saincts exercices,
Qu'elle oublie à iamais le monde & ses delices:
O que de beaux desirs de saincts écoulemens!
Que de diuins transports, de doux rauissemens,

Vous donnent l'hermitage, ou le gland & les herbes
Controllent les festins de nos Princes superbes;
Tant le ioug du Seigneur est suaue; & combien
Son fardeau est leger à ceux qui l'aiment bien.

   Le Cilice vous semble vne douce chemise,
L'humble rusticité d'vne tunique grise
Plaist mieux aux yeux de Dieu & vous décorent plus
Que ne font les habits pompeux & superflus:
Que cét or recamé, ces soyes apprestees,
De Tyr & de Sidon les estoffes vantees:

   Encor pardonnerois-ie aux aueugles pecheurs
Si les biens, les estats, les grades, les honneurs,
Pouuoient en fin leur vie allonger d'vn quart d'heure:
Mais la vie s'en va & le vice demeure:
Il faut mourir mondains, la beauté, le sçauoir,
La richesse, l'honneur, ne sçauroient émouuoir
Les Parques a pitié, ces Sœurs inexorables
Affrontent aussi bien les Palais admirables
Que les Tugurions: les Bergers & les Rois
N'ourdissent qu'vne trame, & l'espaisseur des bois,
Le vaste sein des airs, les grottes sous-terraines,
Ny de cét Vniuers les plages plus lointaines,
Ne nous peuuent sauuer des griffes de la mort;
Sage, fol, ieune, vieil, grand, petit, foible, fort,
En tout temps, en tous lieux, tousiours & en tout âge
Nous sommes obligez à ce commun passage.

   Encor quand en Esté le moissonneur ployé

De

De la courbe faucille a le champ deſpoüillé
Bien qu'à tout renuerſer il aye pris la peine
Pluſieurs épics debout reſtent parmy la plaine:
Le troupeau picoreur des ſoldats aguerris
Ne rauage ſi fort les aiſles d'vn païs,
Qu'au milieu du dégaſt quelque choſe ne reſte
En ſon integrité, & l'haleine moleſte
Du grondant Aquilon n'abat toutes les fleurs,
De l'ardant auant-chien les boüillantes chaleurs,
Toutes herbes ne bruſle, & ſouuent mainte grappe
Couuerte de ſa fueille aux vendangeurs eſchappe,
Mais rien ne peut au monde eſchapper le tombeau.

Ainſi s'alambiquoit mon debile cerueau
De ſemblables diſcours, quand pour chaſſer le ſomme
Ie traçay dans ces vers la miſere de l'homme.

STANCES.

Elas! qu'eſt-ce de l'homme orgueilleux & mutin,
Ce n'eſt qu'vne vapeur qu'vn petit vent empor-
Vapeur, non vne fleur qui écloſe au matin,   (te,
Vieillit ſur le midy, puis au ſoir elle eſt morte.

Vne fleur, mais pluſtoſt vn torrent mene-bruit
Qui rencontre bien toſt le gouffre où il ſe plonge:
Torrent non, c'eſt pluſtoſt le ſonge d'vne nuict,
Vn ſonge! non vrayement, mais c'eſt l'ombre d'vn ſonge,

Encor l'ombre demeure vn moment arreſté,
L'homme n'arreſte rien en ſa courſe legere,
Le ſonge quelquefois predit la verité,
Noſtre vie eſt touſiours trompeuſe & menſongere.

Maint torrent s'entretient en ſon rapide cours,
On ne void point tarir la ſource de ſon onde,
Mais vn homme eſtant mort, il eſt mort pour touſiours
Et ne marche iamais ſur le plancher du monde.

Bien que morte eſt la fleur la plante ne l'eſt pas,
En vne autre ſaiſon d'autres fleurs elle engendre:
Mais l'homme ayant franchy le ſueil de ſon treſpas,
Les fleurs qu'il nous produit ſont les vers & la cendre.

Auſſi toſt que du vent le borraſque eſt paſſé,
La vapeur ſe reioint eſtroitement ſerrée,
Mais quand la paſle mort ſon dard nous a lancé,
Noſtre ame eſt pour long-temps de ſon corps ſeparee.

Qu'eſt-ce de l'homme donc qui tant eſt eſtimé,
Ce n'eſt rien puis que rien ſi leger ne nous ſemble,
Ou ſi c'eſt quelque choſe il ſera bien nommé
Vapeur, fleur, torrent, ſonge, ombre, & rien tout enſem-
ble?

PAVSE IV.

A la nuict se passoit, & l'orniere lactee
Ne se blanchissoit plus du laict de Galathee;
Pour côduire au côseil la brigade des Dieux;
Ià le Bouuier vanté du Grec ingenieux:
Par le milieu du Ciel conduisoit sa charette,
Et desià descendoit Phœbé toute seulette
Pour baiser son Pasteur dans les prez endormy:
Phocion au poil d'or, nous cachoit à demy
Sa croupe rayonneuse. & ià mainte paupiere
Du grand Argus celeste éclipsoit sa lumiere,
Que le somme n'auoit encor sillé mes yeux,
Ny la nuict appliqué son bâme precieux
Aux playes de mon cœur, & mon ame troublee
N'auoit encor finy sa plainte desolee;
I'arrachois mes cheueux, & comme forcené
Ie maudissois le iour que i'auois esté né;
Quoy, disois-ie, faut-il qu'vne poudre animee,
Vne fange pestrie, vne chair abysmee
Dans l'Enfer de son vice, aille encor offençant
Vn Dieu si bon, si Sainct, si iuste, & si puissant?
Sçauois-tu pas, Seigneur, que cette ingratte terre
Se deuoit reuolter & te faire la guerre?

E 2

Pourquoy ne m'as-tu donc eſtouffé au berceau?
Du ventre maternel tranſporté au tombeau:
Que ne m'exterminoit ta dextre furibonde
Auant que ceſtyrans, la Chair, Satan, le Monde,
Se fuſſent emparez du fort de ma raiſon,
Et que i'euſſe aualé le venimeux poiſon,
Du ſordide peché: que ie vous porte enuie
Abortifs qui priuez & de veuë & de vie,
Ne cogneuſte iamais ce monde vicieux,
Si vous eſtes forclos du ſeiour glorieux,
Des eternels plaiſirs. vos innocentes ames
Sont exemptes aiſſi des eternelles flames:
Ainſi ie m'abyſmois dans vn gouffre d'ennuis,
Lors que pour diſſiper ces tenebreuſes nuiEts
Ie pris entre mes bras le ſecourable image
De Ieſus-Chriſt en Croix, i'arroſois ſon viſage
Du penitent ruiſſeau de mes deuotes pleurs
(L'ordinaire remede à toutes mes douleurs)
Ie le baiſois ſouuent, & mon ame écoulée
En ſes deuotions, contemploit deſolée
Combien d'horreurs, de maux, de blaſphemes vilains,
D'iniures, de meſpris, de tourmens inhumains
Endura ſur la Croix, pour noſtre vice immonde;
Le Createur, le Iuge, & le Sauueur du monde.

    Ie ſoupois auec luy chez Simon le lepreux,
Tantoſt ie le voyois ſur les flots dangereux
Du Torrent de Cedron, puis au mont des Oliues

Suer iusques au sang par les angoisses viues
De la coüarde chair tant son humanité
Apprehendoit desia le supplice appresté:
I'estois auec luy quand la troupe peruerse,
De ces bourreaux tomba deux fois à la renuerse
Au tonnerre secret de sa diuine voix,
Quand Iudas le baisa, quand en ses iustes doigts
L'un mit les osselets, quand Anne le Pontife
Le remit à Pilate, & Pilate à Caïffe,
Et Caïffe à Pilate, en ces tours, & retours,
Mes agiles pensers l'accompagnoient tousiours,
Entroient dans le conclaue, embrassoient sa deffence,
Et par viues raisons monstroient son innocence,
Ie me le figurois embrasser vn posteau,
Le front cerné d'espine en ses mains vn roseau;
Et de ses carnaciers vne troupe enragee
Qui luy rompoient la chair à grands coups d'escourgee,
Qui luy bandoient les yeux, & l'assommant de coups,
Deuine, disoient-ils, qui t'a frappé de nous?
O tygres! ô Lyons! ô Lecteur si mes larmes
Baignent en cét endroit ces pitoyables carmes,
Ie te requiers pardon, ces rapides douleurs
Ont brisé malgré moy l'escluse de mes pleurs.
Continuant tousiours ce deuot exercice
L'Agneau immaculé ie suiuois au supplice,
Ie trainois à genoux vn des bouts de sa Croix,
Et malgré les tyrans, le tumulte & les voix

E 3

De ce peuple infolent, nous eftions (ce me femble)
Toufiours à fes coftez fa Mere & moy enfemble:
Nous montafmes Caluaires, où fes pieds & fes mains
Ie regardois cloüé par les Iuifs inhumains:
Et deffus fon piuot la Croix eftant dreffée,
I'entendois murmurer vne troupe infensée
Qui fe mocquoit de luy : Si tu es Fils de Dieu
(Difoient ces furieux) fauue toy de ce lieu,
Tu denois en trois iours deftruire noftre Temple,
Et le rédifier, monftre en toy cét exemple,
Voila pas vn beau Roy, le fils d'vn charpentier,
Vn fol, vn vagabond, qu'on voit Crucifier
Entre deux grands voleurs, pour ces vices infames;
Voila pas vn beau Dieu ! hé quelles lourdes ames,
Aimeroient pour Sauueur celuy qui ne peut pas
Luy-mefme fe fauuer d'vn fi honteux trefpas.

    Pere, difois-ie alors, que fait ta main oifiue?
Faut-il que longuement ce mefchant peuple viue?
Que la mer fe desborde afin de l'abyfmer;
O Ciel ! Ciel oy-ie bien ce cruel blafphemer
Sans écrafer fon chef de mille éclats de foudre?
Soleil, daigne-tu bien regarder cette poudre?
Ce Crapaut, qui enfle d'vn peu d'honneur mondain
Vomit tant de venin contre fon Souuerain,
Enfer que n'ouures-tu tes effroyables gouffres
Afin de l'engloutir, ô terre donc tu fouffres
Ce prodige marcher fur tes flancs nourriciers?

Et vous aisnez des Cieux, Anges les iusticiers,
Du grand iuge Eternel, souffrirez-vous ce traistre
Rauir ambitieux l'honneur de vostre Maistre?
Sus Celestes Soldats, venez sur Israël,
Venger l'iniure faite au Fils de l'Eternel,
Sus, sus Anges, Enfer, Soleil, Mer, Ciel & Terre,
A ce peuple maudit liurez si rude guerre,
Qu'il confesse tout haut & de cœur & de voix
Que c'est le Fils de Dieu qui pend sur cette Croix.

    Lors voyant mon Sauueur en si grande agonie
Ie me representois sa bonté infinie,
Comme il daignoit prier encor pour ses bourreaux,
Et comme apres auoir tary tous les ruisseaux
De son Sang precieux, accomply les figures,
Cancelé sur le bois toutes les Escritures,
    Qui tout homme obligeoient à la faute d'Adam,
Recommandé la Vierge au bien-heureux S. Iean;
Il incline son chef, rend son corps à sa Mere;
Et son ame immortelle és mains de Dieu son Pere.

    En fin ie meditois les accidens diuers
Qu'en cette mort souffrir tout ce grand Vniuers,
Comme les durs rochers de regret se fendirent
    Que les morts ià pourris des monumens sortirent;
Comme l'air s'en noircit, que la mer s'en troubla,
Que l'Enfer en fremit, que la terre en trembla,
Le desordre du Ciel, sa démarche contraire,
Et les ressorts broüillez en l'éclipse ordinaire:

                                    E 4

Que le voile du Temple en deux ports se fendit,
La frayeur de Satan, alors qu'il entendit
Sa ruyne prochaine, & comme la mort blesme,
Craignoit par cette mort de mourir elle mesme,
La crise vniuerselle, & comme ce grand corps
Retournoit se confondre en ces premiers discords,
Ià pour solemniser ces obseques funebres
Nature s'habilloit des palpables tenebres;
La terre estoit en dueil, & le Soleil des Cieux
Voyant son beau Soleil éclipser à ces yeux,
A force de pleurer esteignoit sa lumiere:
Bref, ceste heure fatale eust esté la derniere
Du monde des mortels, si Dieu le createur
N'eust moderé l'excez de sa iuste douleur.
    Pecheur (disois-ie alors) race ingrate & sterile
Quel pauot fige-sang, quelle froide torpile
Endort tes sentimens? tu vois ton Dieu mourir
Pour te viuifier, pour tes playes guarir,
Pour payer ta rançon, pour expier ton crime,
Et pour te deliurer des cachots de l'abisme;
Il meurt, & tu le vois sans en auoir pitié!
La pierre de douleur se fend par la moitié,
Et ton cœur endurcy de rage furibonde,
Se rit encor des pleurs que respand tout le monde.

PAVSE V.

E N extafe ie tombe, & fans fentir ie fens
Vne infenfible main qui dérobe mes fens,
Tient mon ame en fufpens, agilement tranf-
  porte,
Moy-mefme de moy-mefme, & fus vn mont me porte:
Vn mont épouuentable, horrible où les corbeaux
Laidement croaffans, déchiroient par morceaux
Des corps fuppliciez les entrailles puantes:
Là n'eftoient que gibets, que potences fanglantes,
Qu'horreur, qu'effroy, que fang, qu'abomination,
Que mort, que pourriture & defolation.
  Comme s'y pourmenoit mon ame épouuantee
Elle y vid vne Croix nouueller ient plantée,
Conftruite fe fembloit de trois fortes de bois,
Vn homme maffacré pendoit fur cette Croix,
Si craffeux, fi fenglant, fi meurtry, fi difforme,
Qu'à peine y pouuoit-on difcerner quelque forme,
Car le fang que verfoit fon corps en mille lieux
Deshonoroit fon front, & fa bouche & fes yeux,
Toute fa face eftoit de crachats en laidie,
Sa chair en mille endroits eftoit toute meurtrie,
Sa Croix de toutes parts piffoit les flots de fang,

Ses pieds, ses mains, son chef, & sa bouche & son flanc
En iettoient des ruisseaux, les cruelles tortures
Luy auoient tout demis les os de ses iointures,
Sa peau sanglante estoit cousuë auec ces os,
Et son ventre attaché aux vertebres du dos,
Sans entrailles sembloit, vne espine cruelle
Fichoit ses aguillons iusques dans sa ceruelle,
Dont les sanglots boüillons à mesure sechez
Couloient barbe & cheueux sur sa face couchez:
Ce qui restoit encor de sa chair detranchée,
Pendoit horriblement par lambeaux écorchée,
Tous ces membres estoient ou play-z, ou meurtris:
Bref, comme en ces Lepreux confirmez & pourris
L'on voyoit au profond de ses larges vlceres
Ses veines ses tendons, ses nerfs & ces arteres,
L'on pouuoit aisément luy conter tous les os,
Ce n'estoit qu'vn Squelet, qu'vne seche Atropos,
Vn Spectre, vne carcasse, & pour bien dire en somme,
Ce mort ressembloit mieux vn phantosme qu'vn homme,
Sinon que de ces yeux moris & ensanglantez,
Reiallissoient encor tant de viues clartez.
Tant de traits, tant d'attraits, que pour moy il me semble
Que ce mort estoit vif, ou vif & mort ensemble;
O spectacle piteux il faudroit vn rocher
Enclorre en sa poictrine & non vn cœur de chair,
Pour pouuoir sans plorer déplorer en ces carmes
Tant de morts & de maux, de larmes & d'alarmes.

Qu'on ne me parle point d'Hyppollite écorché
Quand malheureusement à son char accroché,
Ses cheuaux effrayez le trainoient miserable
Au trauers les rochers : Arriere encor la fable
D'Acteon , qui en cerf par Diane changé
Fut de ses propres chiens cruellement rongé:
Non, non qu'Absirte soit démembré par Medee,
Que Glauque soit encor toute vine bruslee,
Face encor Cambisez vn Sisamne écorcher,
Face le grand Hercul Diomede attacher
Dedans vn ratelier , & le baille en pasture
Aux carnaciers cheuaux de ce monde pariure:
Socrate boiue encor le furieux poison,
Qu'aux dogues affamez soit liuré Licaon;
Que des loups enragez, Memphrique soit la proye,
Qu'Achille traine Hector aux carrefours de Troye;
Que Rome en face autant à Heliogabal,
Boleslas soit rosty, que Phalaris brutal
Face brusler Pericle en son toreau de cuyure,
Qu'on laisse dans vn roc mourir ensemble & viure
La Princesse Antigone , encor ces cruautez
N'approcheront iamais les tourmens supportez
Par l'homme que ie vy, l'innocent ce me semble
Souffroit en son tourment tous les tourmens ensemble;
Et en sa mort estoient portraites mille morts.

Pres la Croix où pendoit ce pitoyable corps
Vne Dame ie vy, la plus belle du monde

Qui ploroit tendrement, mais qui laschant la bonde
Au torrent de ses pleurs, ne se laissoient pourtant
Aller au desespoir, ains d'vn esprit constant,
D'vn air Maiestatif qui sentoit sa Princesse,
Sans désordre ses bras, sans arracher sa tresse
Comme les folles font, conformoit son desir,
Au desir de celuy qu'elle voyoit mourir.

Le sage semble bien la Palme magnanime
Qui se hausse tant plus que son faix on deprime,
De son propre dommage il tire du profit,
Comme la blonde Abeille en hymette, confit
Son miel de toutes fleurs. le resolu courage
Conuertit dextrement tout à son aduantage:
Et comme la Ciguë aux vns est vn poison,
Aux autres vn remede, ainsi la trahison,
Et l'improuiste choc de la fortune aduerse
Stabilite les vns & les autres renuerse.

Seneque tu réuois impudemment chantant
Caton estre si preux, magnanime & constant,
Quand voyant sa Cité de soldats enuahie
Desesperé poltron il s'arracha la vie:
Celuy est-il constant qui s'occit laschement?
Magnanime celuy qui n'ose seulement
Voir la Fortune en barbe: est-ce vn braue courage
Qui croise les fleurets, & qui au moindre orage
Que le ialoux destin oppose à son vouloir
Les bras rompus se laisse aller au desespoir?

Fol seroit vn Nocher qui voyant vn Borée
Son Nauire bercer sur le dos de Nerée
Mettroit le feu dedans, cesseroit de ramer,
Et qui s'abysmeroit de peur de s'abysmer.
Payen, la Verité en pieces tu démembres,
L'homme n'est point Seigneur de soy ny de ses membres,
Ce corps organisé n'est rien que la maison
Où Dieu pour quelque temps met l'ame en garnison:
Belle Reine qui tient pour ses vassaux fidelles
Les sens exterieurs, les yeux pour sentinelles,
Le sang pour chariot, la voix pour truchement,
Le sens commun aussi luy sert habilement
De fidelle portier, fermant tous les passages
Du celeste intellect aux terrestres images
Des corps materiels, tant qu'ils soient épurez,
Et de toute matiere en ce lieu separez
Toutes les facultez, sensitiue animale,
Motiue, naturelle, irascible, & vitale,
Sont ses dames d'honneur dans le double ceruean
(L'admirable donjon de ce noble chasteau)
Son Louure elle bastit ou trois chambres dorées
Sont pour diuers suiets diuersement parées,
En l'vne est l'arsenac de ses tresors plus beaux
Es mains de la Memoire, en l'autre sont les Seaux
De la Chancelerie, où volonté reside,
En celle du milieu où la raison preside
Est son priué Conseil, où ce grand Potentat

Approfondit prudent les affaires d'Eſtat.

Mais cette grande Dame, immortelle Princeſſe
N'oſeroit deſloger de cette fortereſſe,
Sans le crime encourir de leze-Majeſté
Que ſon Dieu, ſon Eſpoux ne l'ayent decreté:
Auſſi quoy qu'il arriue à l'ame genereuſe,
Elle eſt touſiours debout, & la dent venimeuſe
De l'Enuie ou l'Exil des Tribulations,
Ne ſont qu'affiner l'or de ſes perfections:
Elle nargue la mort, le ſort elle gourmande,
Aux effrenez Deſtins abſolument commande;
Mene fortune en leſſe, & de la droicte main
Prend les verges de Dieu auſſi bien que le pain.

Mais ie paſſe ma ligne, & ma Nef vagabonde
Ià courant d'autres mers aborde vn autre monde,
Comme vn folaſtre enfant qui void en s'ébattant
Le doré papillon dedans l'air voletant,
Saute, bondit apres, tant que ſon pied volage
L'eſloigne peu à peu des bords de ſon village:
Ainſi s'émancipoit mon ieune eſprit rauy
Par l'extréme beauté de celle que ie vy,
Prez qui tout le plus beau que l'Vniuers enſerre,
Semble au reſpect des Cieux vne motte de terre,
Vne petite Eſtoille au regard du croiſſant.

Piqué d'vn beau deſir ie peindray en paſſant
Le pourtraict racourcy de ce rare chef-d'œuure,
Mais pour en dire vn traict il faudroit tout mon œuure,

Puis ià la main me tremble, vne palpable nuiĉt
Enueloppe mes sens ce Soleil m'esblouït,
Ce vaste Nil m'estonne; & de peur du naufrage
Ie n'ose tant soit peu m'esloigner du riuage.

Oüy, Lecteur, si i'en veux fare vn eschantillon
Bien qu'instruit dés long-temps au mestier d'Apollon,
Il m'auient tout ainsi qu'à la Vierge mignarde,
Qui dans vn beau Verger veut d'vne main paillarde
Façonner vn bouquet, vn œillet precieux
Luy attire de loin, le pied, la main les yeux,
Elle court pour le prendre vne Encholie éclose
Espanissant son pourpre à l'instant s'y oppose,
Elle la veut cueillir qu'vne Rose soudain
Offrant son vermillon luy d'estourne la main,
Puis vn soucy ialoux de la Rose nouuelle
Ouure sa chasse d'or sous les doigts de la belle:
Qui voyant tant de fleurs luy plaire également,
Sa cotte retroußée en emplit promptement,
Puis d'vn solaire pied bondit par les campagnes,
Et retourne en dançant retrouuer ses compagnes.

Ainsi voudrois-ie bien tracer cette beauté,
Mais son port tout royal, son humble grauité,
Ses pleurs assaisonnez de constance modeste,
Sa parole attrayante, & sa grace celeste,
Ce sont autant de fleurs & de perfeĉtions
Qui s'offrent à la foule à mes conceptions,
Dont chacune à l'égal veut que ie la prefere,

Si que ie suis contraint à la fin de me taire,
Ou de toutes enfemble en dire à chaque poinct
Pefle-mefle felon que la fureur me poingt.

R'appellant donc mon ame en ce lieu égaree
I'approche tout tremblant cette beauté Sacree,
Et la raifonne ainfi, Dame qui que tu fois
Ou terreftre, ou celefte, à peine tu pourrois
Faire croire à mes fens, qu'vne femme mortelle
Soit fi fage que toy, fi conftante & fi belle:
Car bien que tant de pleurs qui tombent de tes yeux
Emouffent les attraits & les traits gracieux,
De tes chaftes regards, & trop cruels flétriffent,
Les Rofes & les Lys qui ta face embelliffent:
Si voit-on y reluire encor tant de beautez,
Tant de perfections, tant de diuinitez,
Qu'il femble que le Ciel en toy prodigue, affemble
Toutes fortes de dons & de graces enfemble;
Mais tant s'en faut auffi que tes perfections
M'enflament falement d'humaines paffions,
Que ie tremble, friffonne, & fuis tout hors de garde
Quand mon œil trop hardy feulement vous regarde:
Ainfi cognois-ie bien qu'vne telle beauté
Diuine, n'appartient qu'à la Diuinité,
Et que le Dieu qui t'a de fes dons honorée
Ne te crea iamais que pour eftre adoree:
Et c'eft ce qui m'accroift la fainête affection
Que i'ay de m'informer de ta condition,

Du

Du *ſujet qui te porte en ces lieux formidables,*
Entre tant de *gibets, où les hommes coulpables*
Meurent *honteuſement : De grace donc, dy moy*
La *cauſe de tes pleurs, ton Nom, ton Sang, ta Loy,*
Et *ſur tout que ie puiſſe auoir la cognoiſſance*
(Pourueu *que ces douleurs t'en donnent la licence*)
De cét *homme ſanglant qui cloüé ſur le bois,*
D'vne *exemplaire mort rend les derniers abbois,*
Qui d'vn *ſang ſi vermeil empourpre cette place,*
Et qui *eſtalle encor ſur ſa mourante face*
Tant de *viues clartez : ainſi vueillent les Cieux*
Pitoyables, *ſecher les larmes de tes yeux.*

PAVSE VI.

E ſuis (reſpond la Dame) vne femme
　　Hebraïque,
　　Née en Ieruſalem ſous la Loy Moſaï-
　　que,
　　M A R I E c'eſt mon nom, mortelle
comme toy,
Mais par grace pourtant exempte de la Loy
Du ſordide peché. Ioachim fut mon pere,
De l'eſtoc de Dauid, Saincte Anne fut ma mere,
Et Ioſeph mon eſpoux, bien qu'au grand Dieu viuant
Noſtre virginité nous allions conſeruant.

　　　　　　　　　　　　　　　　F

Mais celuy que tu vois souffrir tant de martyre

Pour destruire en mourant la mort & son Empire,

Qui n'a pas seulement où reposer son chef

Que la terre & les Cieux pour comble de méchef

Semblent ne pas cognoistre; ô ame pecheresse,

C'est ton Dieu, ton Sauueur, que l'ire vengeresse,

De son Pere Eternel a permis de mourir:

C'est l'innocent Agneau qui pour nous secourir

A chargé sur son col tous les pechez du monde,

C'est le chaste Ioseph où toute grace abonde,

Que ses freres ialoux de son accroissement

Aux marchands estrangers ont vendu laschement,

Baignant dans son pur sang sa belle robbe blanche:

C'est le Serpent d'airain qui pend sur ceste branche,

Dont le salubre aspect consolide le mal

Que nous auions reçeu du Serpent infernal:

L'obeïssant Isaac qu'Abraham sacrifie,

Abel, que son Germain a meurtry par enuie:

Iacob, à qui l'Aban a pariuré sa foy:

Bref le grand Prestre Aaron de la nouuelle Loy, (pice

Qui pour rendre aux pecheurs Dieu plus doux & pro-

S'offre auiourd'huy soy-mesme en sanglant sacrifice,

Non qu'il y soit contraint par arrest absolu,

Mais il meurt seulement parce qu'il a voulu,

Nostre vie en est bien le bourreau sanguinaire,

Mais son extréme amour l'a porté en Caluaire.

L'AVTHEVR.

A Genoux ô mon ame! adore ce sainct lieu,
Et d'où me vient cela que la mere de Dieu
Daigne parler à moy, que la Reine des Anges,
L'Emperiere du Ciel, la gloire des Archanges,
L'Espouse du tres-haut, des Vierges la splendeur,
Dont tous les saincts ravis admirent la grandeur,
A qui le Firmament sert de riche couronne,
Que le Soleil par tout de rayons enuironne,
Qui a pour marche pied le croissant radieux?
Bref, que ceste beauté où se mirent les cieux
Souffre sa maiesté estre tant raualee
Que d'employer pour moy sa bouche immaculee,
Et d'expliquer de Dieu les misteres diuers
Au plus grand scelerat qui soit en l'Vniuers.
  Est-ce vous ô M A R I E, Vierge glorieuse
Que toutes nations celebrent bien-heureuse,
Rose de Ierico, estoille de la mer,
Qui la Nef des mortels empesche d'abismer,
L'vnique fleur du champ, le Lys de la vallee,
Le Puits des viues eaux, la Fontaine seellee,
Porte de Paradis, Temple du S. Esprit,
La Colombe de l'Arche, alme Mere de Christ:
Est-ce vous l'Auocate, & l'Esperance vnique
Des Esleuz (apres Dieu) le bâme aromatique

F 2

Dont la soüefue odeur delecte tous les Saincts,
L'imprenable Cité dont les ramparts enceints
De murailles d'airain ferment la porte au vice,
L'aube qui enfanta le Soleil de Iustice,
La verge de Iessé dont le fruict precieux
A reconcilié la terre auec les Cieux?
Est-ce vous Iardin clos, le cabinet du Verbe,
De qui l'humilité a dompté la superbe
Du Prince des Enfers, Fille & Mere de Roy,
Lampe de Charité d'esperance, & de foy,
Inépuisable mer de grace & de concorde,
Vraye mere d'Amour & de Misericorde,
Diane des Chrestiens, feconde à celle fin
De seruir de nourrice au celeste Dauphin,
Toison de Gedeon, où le Ciel pleust la grace
Immaculé Miroir dont Dieu polist la glace,
Le terroir Virginal, où le Pere répand
Le germe qui brisa la teste du serpent?
      O Vierge c'est donc vous, c'est vous Vierge impoluë
Helas! pourquoy mes yeux ne vous ont-ils cogneuë?
Pardonnez s'il vous plaist à ma temerité,
L'escriture a graué si bien vostre beauté,
I'y ay pris tant de fois les traicts de vostre Image,
Tant de fois vous m'auez guaranty de naufrage
Terrassant à mes pieds mes ialoux inhumains:
Vierge, combien de fois vos liberales mains
Mont-elles couronné de Lauriers & de Palmes?

Quand dans Rouen iadis durant les ondes calmes
De mes prosperitez, mon vers deuotieux
Faisoit voftre Concept retentir iufqu'aux Cieux.
   Tantoft le comparant à la belle Amarante
Qui fous la glace efclot fa fleur toufiours mourante:
Luy confacrant tantoft ce celefte flambeau
Qui conferue font iour dans la nuict d'vn tombeau,
Où l'herbe qui remplit aux faifons embrasées,
Ses cauerneux tuyaux de celeftes rofées,
Ou bien l'Adianthos qui garde fechement
Sa verdeur au milieu de l'humide élement:
Ou le fuaue Lys de fetides racines,
Ou la rofe naiffant au milieu des efpines:
Ou l'admirable Lin de l'Indois mefnager,
   Que le feu ne fçauroit iamais endommager:
Ou l'arbre de Daphné priuilegé du foudre,
Ou le Paladion tout entier dans la poudre,
Et dans l'embrafement de l'antique Ilion.
   Puis ie m'enhardiffois d'en faire allufion,
Au chemin où iadis le grand Dieu des armees
Fit feurement paffer les troupes Idumees,
Chemin ferme au milieu des vagabondes eaux
Qui aux Egyptiens feruirent de tombeaux,
Ou bien à la Iudith qui d'vn bras magnanime
Sauua d'vn braue coup le peuple de Solime:
Ou bien à ce buiffon que le Pafteur Hebreu,
Sans brufler fes rameaux vid iadis tout en feu.
                                        F 3

La Vierge.

Par fois ie vous nommois afin d'enfler mon stile,
Le cube toufiours ferme en fa rondeur mobile,
Vn excellent concert d'irreguliers accords,
Vne fource d'eau viue en la terre des morts!
Vn feu toufiours bruflant dedans le fein de l'onde:
Le grand effect de Dieu dans les caufes du monde;
L'honneur dans le mefpris, le calme dans le bruit,
La grace dans le crime, & le iour dans la nuict.

Puis montant fur mon luth plus haut la chanterelle
I'allois de ciel en ciel, & d'Eftoille en Eftoille,
Fendant le Zodiaque en fes douze maifons,
Pour y trouuer le fil de mes comparaifons.

Non autrement qu'on voit la polytique Anette,
Les Ambrofines fleurs picorer fur Himette,
Pour leur crefme confire en vn miel fauoureux
Où le ieune Berger chaftement amoureux,
Defpoüiller diligent le threfor d'vne lande
Pour faire à fon Efpoufe vne riche guirlande:
Ainfi Vierge enflamé de vos perfections,
Tout l'Vniuers n'eftoit pour mes deuotions
D'affez ample eftenduë, il failloit que les Anges
I'employaffe par fois à chanter vos loüanges.

D'où me procede dont ce grand aueuglement
Que celle dont l'image eft fi profondement
Graué dedans mon cœur, & qui mon front couronne
Des plus doctes labeurs que ma Mufe façonne,
S'eft offerte à mes yeux, & mes yeux n'en ont pas

Recogneu la grandeur ny les diuins appas?
    I'en sçay bien la raison mon ame chaßieuse
N'ose plus regarder la face glorieuse
De la Reine du Ciel, & les raiz de mon œil
S'offusquent à l'abord d'vn si brillant Soleil.

LA VIERGE.

Tous ces tristes d'honneur, ces loüanges suprémes,
    Ces éloges de gloire, epithetes, poëmes,
    Et tous ces attributs choisis pour m'honorer,
Ie reçoy seulement, afin d'en décorer
Le front de mon Saũueur que tu vois sur cét arbre
Honteusement mourir, quel courage, quel marbre,
Qui verroit d'vn œil sec les bourreaux inhumains
Crucifier son Dieu, luy percer pieds & mains,
Diffamer son honneur, luy cracher au visage,
Et faire de son corps vn horrible carnage,
Tandis iroit beant apres les vanitez,
Voudroit s'approprier ces riches qualitez,
Et se vendiqueroit des honneurs transitoires.
    Quoy! mon Dieu despoüillé de ses diuines gloires,
Sert ores de risee au Iuif audacieux:
Et pour fortifier cét ingrat dans les Cieux,
Anichile auiourd'huy sa maiesté altiere
Au centre de la terre, il se faict la littiere,
L'opprobe, le mespris, la honte, & le rebut

De son peuple insolent, vn general tribut
De lugubres ennuys lamente ses desasires
Dolens se vont cachant le Soleil, & les Astres,
Le Ciel veut abysmer tout le monde en ses pleurs,
La terre pour vanger son Dieu de tant d'horreurs
Entr'ouure ses rongnons, ses fondemens éloche,
Et faict suer des pleurs à l'insensible roche,
Les os des monumens en ont compassion:
Bref, l'vniuers s'afflige en son affliction,
Et seule tu voudrois que parmy ces alarmes
Ie restasse immobile, & que mes yeux sans larmes
Vissent mourir mon Roy, moy qui tiens auiourd'huy
Tous mes tiltres à foy & hommage de luy.

  C'est mon Roy Souuerain & ie suis sa vassalle,
Tous mes biens émanez de sa main liberalle
Loy sont hypothequez, & mes plus grands honneurs
Releuent à plein sief de ces rares faueurs:
Plus de graces il a mon ame aduantagee,
Et plus estroictement ie luy suis obligée:
Qui plus reçoit, plus doit, plus les fleuues sont gros,
Plus rendent à la mer de tributaires flots:
Aussi de tous mes droicts ie limite la course,
Et les apporte à Dieu comme en leur propre source.

L'AVTHEVR.

Ainſi que le balon eſt d'vn bras furieux
Pouſſé contre la terre, & plus bondit aux Cieux,
Ces orgueilleux torrens dont les eaux eſpanduës
Ne groſſiſſent leurs flots que de neiges fonduës,
Apres beaucoup de bruit ſe vont perdre en la mer
Ou dans quelques eſtangs pour iamais s'abyſmer:
Mais ces fleuues eſpais, ces riuieres profondes
Obſeruent le ſilence aux bords de diuers mondes,
Et coyement coulans leurs perennelles eaux
Humbles, plient les reins ſous le faix des baſleaux:
Les vaiſſeaux reſonnans ſont touſiours les plus vuides,
L'orgueil eſt comparable aux Aquilons rapides,
Qui apres auoir bien bouleuerſé les Airs,
Secoüé les piuots de la terre & des mers,
Broüy fueilles & fleurs, noircy le Ciel de poudres,
Déraciné les Pins, les Cheſnes, & les Coudres,
Se creuent tout à coup ne laiſſant inſolens
Qu'vn dégaſt ſucceder à leurs bruits violens;
Mais l'humble humilité ſemble vn mignard zephire,
Vn ſoüef ventelet qui lentement ſouſpire,
Dont la feconde haleine en ſes tiedes freſcheurs
Faiét éclorre dans l'ame vn milion de fleurs:
Bref, pour bien s'approcher de l'eſſence diuine,
Il s'en faut reculer, la profonde racine

De toutes les vertus, n'eſt que l'humilité,
Par elle vous auez, ô Vierge merité
D'eſtre Mere de Dieu, voſtre bouche ſçauante
N'euſt ſi toſt prononcé l'humble mot de Seruante,
Que l'Eternel voulut qu'en vos flancs precieux,
Vous ſentiſtes mouuoir le grand Moteur des Cieux.

O ſecourable Vierge aux mortels ſalutaire
Que vous guariſſez bien le mal par ſon contraire:
La Mere des moudains etta par ſon orgueil
Nos ames aux Enfers, & nos corps au cercueil,
Et voſtre humilité emportant la victoire,
Nous conduit corps & ame en l'eternelle gloire,
Puis que par elle fut conçeu dans voſtre flanc
Le Sauueur, qui reſpand auiourd'huy tout ſon ſang
Pour noyer à iamais nos effroyables crimes.

Plonge toy donc mon cœur en ces profonds abyſmes.
D'humilité Chreſtienne, & ioint deuotieux
Tes pleurs auec les pleurs de la Fille des Cieux.

PAVSE VII.

LA VIERGE.

I'Ay le plus d'interest en ceste mort cruelle,
C'est ma chair, c'est mon sang, mes os & ma
   moüelle,
Le mespris qu'il reçoit de ce peuple moqueur
M'est vn glaiue outrageux qui me perce le cœur;
Les playes de son corps dans mon ame trauersent,
Les Iuifs d'vn mesme traict Fils & Mere outrepercent,
Car (ainsi que deux luths en mesme ton montez)
Les consonans accords de nos deux volontez
Respondent l'vn à l'autre, & ceste symmetrie
Mes entrailles oblige à telle simpathie.

  C'est mon commencement, ma fin & mon milieu,
C'est mon Pere, mon fils, & mon Frere, & mon Dieu;
Entant qu'homme ie suis sa Sœur il est mon Frere,
Entant que Dieu ie suis sa fille, il est mon Pere:
Mais entant qu'homme & Dieu de la mort triomphant,
Ie suis son humble Mere, il est mon cher Enfant.

  Seulette meditant dans la page sacree,
Quand seroit des pecheurs la coulpe reparee,
Ie fondois tout en pleurs alors que Gabriel

Fidelle Ambaſſadeur du Monarque du Ciel,
Eſtincelant par tout de diuine lumiere
M'apporta le premier la nouuelle premiere
Du ſalut des mortels le Meſſager receu:
I'ay creu, puis par l'oreille à l'inſtant i'ay conceu
L'vnique Redempteur de noſtre humaine race,
Le diuin Paraclet m'enuironnant de grace
L'engendra de mon ſang, puis quand ie leus porté
Iuſqu'au terme prefix de ſa natiuité
Dans mes pudiques flancs, Vierge & Mere feconde
Au monde i'enfantay le Createur du monde.

     Depuis l'ay-ie eſleué touſiours ſoigneuſement,
C'eſtoit tout mon ſoulas ſon premier aliment
Fut le lai& virginal de mes chaſtes mammelles,
I'admirois nui& & iour ſes beautez immortelles,
Cependant que mon ſein de ſa bouche il preſſoit
Combien ay-ie de fois tandu qu'il repoſoit
Baiſé & rebaiſé ſes léures innocente?
Combien ay-ie de fois de ſes mains carreſſantes
Mon col enuironné, puis quand au meſme lieu,
Ie venois à penſer qu'il eſtoit vn grand Dieu
Laiſſant pour quelque temps les tendreſſes de Mere,
Ie l'appellois mon Roy, mon Sauueur & mon Pere,
Et les genoux fléchis humblement l'adorois
Comme le Dieu des Dieux & le grand Roy des Rois,
A peine il commençoit à marcher ſur la terre
Qu'vn tyran s'eſleua pour luy faire la guerre,

Qui craignoit insensé que ce petit enfant
Ne luy rauit son Sceptre, & ne fut triomphant
De son mortel empire, ô vanité profonde!
Mon Fils ne cerchoit pas les Royaumes du monde.

Donques pour eschapper la sanguinaire main
De ce monstre cruel, nous courusmes soudain
Aux bords Egyptiens, puis si tost que la Parque
Eust poussé dans l'Enfer ce barbare Monarque,
Nous vinsmes habiter les champs Galiléens
Naim, Cana, Carmel & les Nazareans,
Depuis Ptolomaïs, iusques en Betsaide,
Car craignant d'Archelaüs la fureur homicide,
Rarement nous voyoit le reluysant sablon
De Ioppe, de Gaza, d'Azot & d'Ascalon,
Sinon quand nous allions dans le Temple du Sage
Tous les ans celebrer la Feste du passage.

Lors mon Fils en vertus plus qu'en âge croissant
Parmy ce peuple ingrat tous les iours florissant,
Faisoit mainte merueille, or d'vne voix hautaine
Ainsi qu'vn grand torrent qui rauage vne plaine,
Il tançoit en courroux cette idolatre gent:
Puis comme vn ruisselet aux petits flots d'argent
Molement murmurant contre le sable estriue
Et par son doux gazoüil nous endort sur la riue:
Tout de mesme mon Fils sa voix adoucissoit
Et de ses Auditeurs les esprits rauissoit.

Ie le perdis vn iour; ô Dieu que de batailles

Ce peu d'absence fit souffrir à mes entrailles,
Ie le cerchois par tout : Qui a veu quelquefois
Bondir, brosser, bramer, & bruire dans les bois
La Biche desolee, alors que sa portee
Du Lion rauisseur elle void emportee?
Mon angoisse il a veu : Ie demandois à tous
Nouuelles de mon fils, mon fils où estes-vous?
Où estes-vous mon Roy, mon Dieu, mon Salutaire
Respondez mon cher fils à vostre pauure Mere?
Il n'est pas encor temps que vous alliez mourir,
Mes delices, mon sang, i'auois tant de plaisir
Quand vos petites mains se ioüant sur ma face,
Vous me parliez desia des effets de la Grace,
De l'horreur du peché, des innombrables biens
Que le Pere Eternel prepare pour les siens,
Des horreurs de l'Enfer, des peines Eternelles
Que souffrent à iamais les ames criminelles.
De l'excessif amour qu'à l'homme vous portez
De vostre vnique Espouse & de ses qualitez;
Seray-ie encor long-temps de ses douceurs priuee:
Toutes ie vous coniure, ô filles de Iudee
Si vous voyez mon fils, ma lumiere, mon iour,
Luy dire que pour luy ie languis tout d'amour?

　　Or comme en cét estat toute en larmes fonduë
Dans la grande Cité ie courois esperduë;
I'entray dedans le Temple où ie vy mon enfant
Qui contre les Docteurs disputoit triomphant;

Et d'vne voix tonnante eſtonnoit tout le monde
Des fru&ueux diſcours de ſa do&e faconde.
  I à l'agreable odeur de ſes perfe&ions
Auoient gaigné les cœurs de tant de Nations
Qu'on ne vantoit par tout que le fils de Marie,
Capharnaum, Sichar, Magdalon, Samarie,
Tyr, Sidon, Corazin, Emaüs, Ieſuralem,
Tiberiade, Ephrem, Ierico, Bethléem,
Le grand lac Genezar, les riches Ceſarees,
Toute la Paleſtine, & les deux Galilées,
Aſphalte, le Iourdain, les Champs Pheniciens,
Depuis les Philiſtins, iuſqu'aux Philippiens
Tous oüyrent le brui& de ſes œuures Celeſtes,
Tout le peuple admiroit ſes admirables geſtes,
Et par tout le ſuyuoit. Mais douze ſeulement
Il choiſit pour pillers du Nouueau Teſtament:
Encor qu'il ayt voulu que ſa viſible Egliſe
Fut priuilegément ſur Simon Pierre aſſiſe,
Et ſur ſes deſcendans, autrement il n'auroit
Eu ſoin que pour vn temps, de celle qui deuoit
Indomptable dompter tant & tant d'hereſies,
Et forcer les efforts de tant de tyrannies.

LE TRIOMPHE DE LA CROIX,
Dedié aux ames Catholiques.

QVE tous les Poëtes de la terre
Chantent l'Amour, vantent la guerre,
Ou flattent l'oreille des Rois:
Pour moy qu'vn feu plus sainct inspire
Ie veux triompher de bien dire,
Sur le Triomphe de la Croix.

Puissé-ie au desir qui m'allume
Faire des mains tomber la plume,
Aux plus sublimes iugemens:
Et que ses lignes soyent si viues
Qu'Apollon mesme en ses archiues
En garde à iamais les fragmens.

O saincte Croix que ie retrace,
Siege de Iustice & de Grace,
Le lict de l'Espoux Immortel,
L'arme inuincible du fidelle,
De Iacob l'admirable eschelle,
Et la clef qui ouure le Ciel.

Sacré organe des miracles,
L'espouuentail des faux Oracles,
La houlette du grand berger.

Le

Le bat-froy d'enfer & du diable,
Et le caractere admirable
Qui fait l'heretique enrager.
   Vous estes la baze profonde,
Qui soustient le salut du monde,
Le trofne du Roy glorieux,
Et la Piramide diuine,
   Qui pousse en Enfer sa racine,
Et sa pointe dedans les Cieux.

   Le Cube de la vraye Eglise,
Nostre colomne de franchife,
La plate-forme de la Loy,
L'arc triomphal de la concorde,
Le pilier de Misericorde,
Et le fondement de la Foy.

   La table d'Or du Tabernacle,
Le Chandelier & le Cenacle,
Le Sceptre du grand Salomon,
L'autel de l'Agneau fans macule,
La masse du celeste Hercule,
La machoire du fort Samson.

   Le bouclier du braue Thesée,
La Lance du vaillant Pelée,
Le grand Cimeterre d'Hector,
La lampe iour & nuict ardante,
L'holocauste toufiours fumante,
Et l'Encensoire de fin or.

C

Le desiré rameau d'Oliue,
Le Roc qui distille l'eau viue,
Le fer que iamais ne mourra,
Le signe du Tau sur nos portes,
Le bois qui par ses vertus fortes,
Adoucit les eaux de Mara.

Le mast où nostre sage Vlisse,
Fit clöuer sa propre Iustice
Pour du far-messin nous tirer,
Le tison dont il creua mesme
L'œil du Ciclope Polipheme,
Qui nous deuoit tous deuorer.

Le drapeau de nostre Monarque,
Nostre mot du guet, nostre marque,
La Forteresse du Chrestien,
L'anchre où tout mon salut i'asseure,
Le grand Phare & la Cinosure,
Qui nous guide au souuerain bien.

L'arbre portant le fruict de vie,
Le mont où Abraham sacrifie
Son Isâc pour le genre humain,
D'Helie la rouge charette,
Et la branche où le grand Prophete
Amis le vray Serpent d'airain.

O Croix tout misterieuse,
En toy mon ame curieuse
A maint beau secret apperçeu,

Ta capable figure enferre,
L'air, l'Enfer, le Ciel & la terre,
  L'Eſt, l'Oüeſt, le Nord & le Su.
    Tirez deux lignes (ie vous prie)
L'vne de l'Affrique en Scythie,
Et l'autre du riuage Indois,
Iuſques aux montagnes riphées.
Ces deux lignes entrecoupees
Forment-elles pas vne Croix?

    Toutes choſes ſe vont croiſantes,
Animaux, mineraux & plantes,
En Croix ſont les quatre élemens,
Les eaux ſe croiſent de la terre,
L'air du feu & le feu enferre
Mille Croix en ſes mouuemens.

    En Croix l'homme à les mains tendües,
En Croix les oyſeaux dans les nües,
En Croix les poiſſons dans les mers,
En Croix toutes choſes viuantes,
Bref, ô ſainſte Croix ie vous chante,
Le tableau de tout l'vniuers.

    Car de vous ſe tire l'exemple
De tout ce qu'au monde on contemple
De beau, d'excellent & de choix,
Et nature en ſon ſein ne couue
Rien de rare qui ne ſe trouue
Portraiſt ſur l'arbre de la Croix.

En vous est la ligne où s'éclipse
L'vnique Soleil de Iustice,
Le Zodiaque où sont encor
Douze Apostres pour douze signes,
Dont les influences benignes
Font renaistre le siecle d'or.

La ligne meridionalle,
Coupe en vous l'Equinoctialle,
En vous se marque l'Equateur,
Toutes les celestes ceintures,
Les Tropiques, les deux Colures
Le zenit & le Finiteur.

Les Trines aspects beneuoles,
Les Equinoxes, les deux Polas,
Les Epycicles, les Essieux,
Les Retrogrades, les Distances,
Les Ascendans, les Dominances
Et tous les Images des Cieux.

Donc (sous l'authorité des Sages)
Ie diray nos autres Images
Les volumes des ignorans,
Et la Croix l'estude diuine
Le grand œuure, le grand' doctrine
L'enchiridion des sçauans.

Elle nous monstre sans enigmes
Comme il faut estre magnanimes,
Se roidir aux aduersitez.

Tenir toufiours mefme pofture,
Et fermes ferrer de bonne heure
La bride à nos profperitez.

Elle apprend les vertus morales,
Les Diuines, les Cardinales,
C'eft l'efcole de Charité,
De la Foy, & de l'Efperance
Vn vray Miroir de temperance.
Vn abifme d'humilité.

La mer de Sageffe infinie,
Le patron de la modeftie,
L'Archiue des plus hauts fecrets,
La tour de la force fupréme,
Et le tribunal où Dieu mefme
Prononce fes iuftes decrets.

La Croix foule aux pieds l'infolence,
La conuoitife, la vengeance,
La pareffe roüille vertus:
La Chair, l'Enuie, & l'Auarice,
Bref, Satan, le monde & le vice,
Y font vaillamment combatus.

La Croix eft vn vray Sacrifice,
La Croix vn iardin de delice,
La Croix Paradis de tout bien,
La Croix vne belle victoire,
La Croix le triompha & la gloire,
De Dieu, de l'Ange & du Chreftien,

Mais la Croix n'est qu'Idolatrie,
La Croix n'est qu'vne tromperie,
La Croix qu'vn Enfer sans repos,
La Croix qu'vn scandaleux diffame,
La Croix n'est qu'vn gibet infame,
Au diable, aux Iuifs, aux Huguenots.

Huguenots, engeance execrable,
Puis que vostre Pere le diable
Fuit tant nostre Croix auiourd'huy,
Fuyez la race de viperer:
Car il ne faut pas que le Pere
Ait des enfans meilleurs que luy.

Que firez-vous malins Prothées,
Quand les trouppes ressuscitées
Chacun son arrest escoutant,
Vous verrez par les Anges mesmes
Porter en Triomphes suprémes
La Croix que vous abhorrez tant?

Allez peuple ingrat & superbe,
(Vous dira lors le diuin Verbe)
Où sont vos genereux exploix,
Pensez-vous partager ma gloire
Sans obtenir quelque victoire,
Dessous l'estendart de ma Croix?

Apprenez donc esprits volages,
Que vous courez tous aux naufrages,
Embarquez en contraire nef,

Et permettez qu'on vous enseigne,
Que qui n'a la Croix pour enseigne
N'aura point Iesus-Christ pour chef.

  Cette vnion inseparable
Rend la Croix autant adorable,
Que le Sauueur glorifié,
Et leur simpatie est si grande,
  Que Satan autant apprehende
La Croix que le crucifié.

  Mais ô venerable Colomne
Ces éloges que ie vous donne
(Enflamé de sainctes ardeurs)
Ne font qu'esbaucher vos loüanges
Il faudroit tous les chœurs des Anges
Pour bien entonner vos honneurs.

  Arbre benit, branche sacrée,
Que vostre ombrage me recrée,
Que vostre fruict est sauoureux,
Riche le basme qui vous laue
Vostre odeur soüefue & suaue,
Et vostre fueillage amoureux.

  Çà que i'y soupire à mon aise,
Que ie vous baise & vous rebaise
En plorant sur vous mes douleurs,
Que mes saints baisers vous entament
Que mes chauds soupirs vous enflament,
Et que ie vous noye en mes pleurs.

Car quelle tempeste importune,
Quel gauche-reuers de fortune,
Quel fier tiran, quel Antechrist,
Quel fer, quelle faim, quelle flame
Separera iamais mon ame,
Du Crucifix de Iesus Christ?

Batisse qui voudra sa gloire,
Sur la richesse transitoire,
Sur le sçauoir, sur la grandeur:
Ou sur la beauté accomplie,
Pour moy ie ne me glorifie
Qu'en la Croix de mon Redempteur.

Bref la Croix est mon asseurance,
Mon Salut & mon esperance,
Ie la veux estreindre si fort,
Et tant penser à son merite
Qu'elle sera trouuée escrite,
Dans mon cœur quand ie seray mort.

F I N